WORTHY

Navegando los tropiezos y los momentos caóticos de la vida

Una guía para cultivar el amor propio

Dra. Kasmin Boswell

Publicado en los Estados Unidos de América

Primera edición, 2025.
Traducido por: Stefani Velazquez

ISBN: 979-8-9995615-5-8

Aviso legal

Este libro tiene fines exclusivamente informativos e inspiracionales. No sustituye el asesoramiento, diagnóstico ni tratamiento profesional. Se recomienda a los lectores buscar la orientación de profesionales calificados ante cualquier inquietud relacionada con la salud física, mental o emocional. La autora y la editorial declinan toda responsabilidad por cualquier daño directo o indirecto que pueda derivarse del uso o aplicación de la información contenida en este libro.

Algunos nombres, detalles identificativos y ciertos acontecimientos pueden haber sido modificados para proteger la privacidad de las personas. Cualquier semejanza con personas reales, vivas o fallecidas, es mera coincidencia.

"Cuando negamos nuestras historias,
ellas nos definen.
Cuando asumimos nuestras historias,
tenemos la oportunidad de escribir el final."

— Brené Brown, Rising Strong (2015)

DEDICATORIA

A mi madre, *"Queen"* Ann Boswell — nos enseñaste a mi hermano y a mí a amarnos incondicionalmente, sin disculpas; a dejar que nuestra bondad, compasión e integridad sean la dulce fragancia que dejamos en cada alma que encontramos.

A Waraire, Stephen Ford, Imelda Trejo, Ian Alexander Jr., Srta. Bev — que partieron demasiado pronto, pero jamás serán olvidados. A mi tío Walter y a mis sobrinos, Miles y Mason — cada uno de ustedes me recuerda a diario lo que significa mostrarse con autenticidad y siempre *"cuidar mi mente"* para que el mundo reciba la versión más increíble de mí.

Ha sido una experiencia maravillosa ser amada por almas tan genuinamente bondadosas.

Sepan que los amo hasta la luna y de regreso, por siempre jamás.

LO QUE DICEN SOBRE WORTHY

"Kasmin nos ofrece una abundancia de reflexiones profundas, junto con un plan de acción práctico para ayudarte a convertirte en tu mejor versión. Sí, es posible renovarte al cambiar tu forma de pensar—¡y este libro lo demuestra!"

— **CINDY HERRON-BRAGGS,** *cantante nominada al Grammy, actriz, modelo y miembro fundadora de En Vogue*

"Tuve la suerte de conocer a Kasmin en 1997, cuando era una estrella en ascenso y participante en CLASS. Desde entonces, la he visto transformarse en un cisne, compartiendo su sabiduría con gracia. Somos afortunados de que ahora elija compartir sus conocimientos con nosotros. Es un honor haber sido mentora de Kasmin a lo largo de

su camino hacia el amor propio. Siguiendo los pasos de su tiempo junto a Florence Littauer, ofrece este libro como una guía para aprender a valorarse. A diferencia de muchos libros de autoayuda, este te invita a emprender un viaje que no solo sigue los pasos de la autora, sino que también te lleva a conectar con conceptos tangibles y ejercicios prácticos en el proceso."

— **LAUREN LITTAUER BRIGGS,** *entrenadora de CLASS, autora de The Art of Helping, What to Say and Do When Someone is Hurting, Making the Blue Plate Special y The Joy of Family Legacies. Cofundadora de www.livingyourbestlife60plus.com; www.LaurenBriggs.com*

"Worthy es más que un libro: es un salvavidas para cualquiera que alguna vez se haya sentido atrapado en medio del caos de la vida, cuestionando su valor, sus decisiones y su fuerza para seguir adelante. Kasmin abre su corazón con total honestidad y gracia, compartiendo su recorrido a través de la pérdida, la traición y el abrumador peso del perfeccionismo, pero sin rendirse jamás. Su libro es un hermoso testimonio de resiliencia, sanación y del poder silencioso que habita en uno mismo cuando todo lo demás parece desmoronarse. Me enorgullece llamarla mi amiga, y aún más, ser testigo de la luz que continúa aportando al mundo."

— **DOROTHY NEWTON,** *autora, conferencista y coanfitriona de Daystar Joni Table Talk*

"Mientras la cultura eclesiástica estadounidense deriva en un mar inconsciente de desdicha, Worthy: Navegando los momentos caóticos de la vida nos lanza un salvavidas. Este valioso trabajo nos invita a deshacernos de todo sentimiento arraigado de falta de valor y, a cambio, nos ofrece una nueva práctica de adoración que fluye desde nuestra propia valía. Acompaña a la Dra. Kasmin Boswell en este viaje para reconectar con tu valor innato y tu riqueza interior. Este

libro no solo te llevará a reflexionar más profundamente, sino también a caminar con mayor libertad, anclado en la verdad y fortalecido por la gracia."

— **D.E. PAULK**, *autor de The Holy Bible of Inclusion, M.T.S. en Religiones Globales, Emory University*

"Vivimos en un mundo en constante cambio, agobiado por las exigencias extremas que pesan sobre nuestra conciencia y por expectativas poco realistas, tanto externas como internas. Este libro actúa como un necesario reinicio, ayudándote a reconectarte con tu mayor recurso: tú mismo. Destaca la importancia de tu felicidad interior, en lugar de las expectativas de los demás. Al recorrer sus páginas como profesional dedicado, me ayudó a reenfocarme en lo que realmente importa: desconectarme de las distracciones superficiales e identificar las fuentes de agotamiento que pueden dejarte tan vacío que ya no te reconoces."

— **DR. NAPOLEON HIGGINS Jr.**, *psiquiatra infantil, adolescente y de adultos; director ejecutivo de The Black Psychiatrists of America; expresidente del Caucus of Black Psychiatrists of America Psychiatric Association; miembro de la facultad del Neuroscience Education Institute (NEI) Congress*

"Como abogado litigante que ha pasado décadas luchando por la justicia en tribunales y comunidades, sé de primera mano lo fácil que es olvidar tu propio valor cuando el mundo insiste en decirte lo contrario. Worthy: Navegando los momentos caóticos de la vida es el tipo de libro que te detiene en seco y te recuerda que tu historia no termina solo porque las cosas se han puesto difíciles. Es un poderoso recordatorio de que tu historia no concluye en la lucha: ahí es donde comienza. Como alguien que ha dedicado su carrera a defender a personas ignoradas, atacadas y subestimadas, reconozco la verdad en las palabras de la Dra. Kasmin Boswell. Ella no endulza el proceso

de reconstrucción; lo expone con honestidad, profundidad y valentía. Este libro habla a todos los que atraviesan la pérdida, el miedo o el cambio, y les da las herramientas para levantarse más fuertes, con la dignidad intacta."

— **MICHAEL L. WRIGHT, ESQ.**, *abogado litigante, defensor de la justicia, miembro de Multi-Million Dollar Advocates Forum y socio de Wright & Schulte, LLC*

"Al igual que en el fútbol americano, comprender tu valor no sucede cuando todo es fácil, sino en medio del caos, cuando todo está en juego. El libro de la Dra. Kasmin Boswell nos recuerda que el crecimiento no siempre es limpio ni cómodo, pero sí necesario. Te animo a realizar los ejercicios y a poner el esfuerzo. Porque la verdadera fortaleza —ya sea en el campo o en la vida— proviene de saber quién eres cuando todo se desmorona y tienes que sacar fuerza desde lo más profundo. Este libro te ayudará precisamente a lograr eso."

— **KELLEN WINSLOW SR.**, *Pro Football Hall of Fame, generación de 1995*

"Cariño, déjame decirte algo: la vida te va a golpear fuerte, te va a lanzar contra las cuerdas, y todavía va a tener el descaro de preguntarte por qué tienes el cabello despeinado. La Dra. Kasmin Boswell lo entiende. ¿Este libro? Oh, este libro es como esa amiga del alma que te agarra de los hombros, te mira directo a los ojos y te dice: 'Mija… tú eres WORTHY.' Y no cuando todo se ve bonito y con filtro, sino justo en medio del caos, cuando estás sosteniéndolo todo con cinta adhesiva, oraciones y un cafecito. Reí, lloré, solté unas cuantas palabrotas… y después puse mi vida en orden. Lee el libro.

Haz los ejercicios. Créeme. Porque sobrevivir no es suficiente—es hora de florecer, baby."

— **TANYA RUSSELL** *(Cha Cha Sandoval-McMahon), pionera de la comedia y primera doble de acción perteneciente a una minoría en Hollywood*

"Leer Worthy fue como tener una conversación de corazón a corazón con mi yo interior. Es el tipo de libro que te recuerda abrazar cada parte de tu camino, incluso los momentos caóticos. Al igual que diseñar una línea de trajes de baño, comprender tu valor requiere creatividad, resiliencia y un toque de diversión. La Dra. Boswell captura maravillosamente esta esencia, animándonos a celebrar nuestra individualidad y a enfrentar los desafíos de la vida con gracia y confianza."

— **VY NGUYEN,** *fundadora y directora ejecutiva de Paradise Club y Lolli Swim*

"Conocí a la Dra. Kasmin Boswell durante nuestro programa de doctorado y quedé impresionada de inmediato por su excepcional combinación de brillantez intelectual y profunda sabiduría espiritual. Worthy refleja exactamente eso: una guía hermosa y práctica para transitar las transiciones de la vida, llena de claridad, compasión y un recordatorio de que las respuestas que buscamos siempre están dentro de nosotros."

— **DR. JOY L. SALVETTI,** *profesora emérita de la California State University, Sacramento; autora y poeta*

"Como sabemos quienes trabajamos en el ámbito de la medicina, la sanación suele desarrollarse en lugares silenciosos e inciertos que no siempre podemos ver —en esos momentos caóticos de la vida. En Worthy, la Dra. Kasmin Boswell lleva esa verdad a un enfoque claro y

empoderador. Con compasión y talento como guía y maestra, Kasmin ofrece reflexiones y ejercicios prácticos que nos ayudan a conectar con nuestra resiliencia interior, de la misma forma en que se cultiva la fuerza silenciosa de un paciente durante una enfermedad crónica o un proceso de recuperación. Ya sea que estés enfrentando el cambio, el duelo o la duda, este libro te encuentra exactamente donde estás y te ayuda a descubrir que eres suficiente—y digno—aquí y ahora."

— **RAFFI TACHDJIAN, MD, MPH,** *profesor clínico adjunto de Medicina y Pediatría en la UCLA Division of Allergy & Clinical Immunology; fundador de Children's Music Fund*

"Worthy es un recordatorio suave pero poderoso de que no somos nuestro dolor, sino nuestra capacidad de crecer a través de él. La Dra. Boswell ofrece una guía compasiva para la sanación, especialmente para quienes alguna vez se han sentido invisibles."

— **VARTAN TACHDJIAN, MD,** *pediatra, defensor de las personas sin hogar y autor de Return to Homelessness*

"Como pionero en TMS y defensor de larga trayectoria en el avance de la salud mental, he trabajado junto a muchas mentes brillantes —pero pocas con la precisión, el corazón y la tenacidad de la Dra. Boswell. En Worthy, ella aporta la misma claridad y compasión con las que ha ayudado a sus pacientes a acceder a tratamiento. Es una guía reflexiva y profundamente humana para transitar los capítulos más inciertos de la vida."

— **SAAD A. SHAKIR, MD, DLFAPA,** *profesor jubilado de Stanford University; fundador de Silicon Valley TMS*

NOTA DE LA AUTORA

¿Alguna vez has enfrentado tropiezo tras tropiezo, hasta que ni siquiera el sueño logra ofrecerte consuelo? ¿Has pasado tanto tiempo estando ahí para los demás, que no te queda espacio para ti, incapaz de atender tus propias necesidades?

Conozco demasiado bien esa sensación.

Hubo un momento en mi vida en el que experimenté una pérdida de autoestima, como si el universo gritara que todos los demás importaban más que yo. No podía entender por qué, aun cuando siempre estaba presente para los demás, nadie parecía sentir la necesidad de salvarme a mí. Y los pocos que lo intentaron, a menudo me juzgaron, perdieron el interés o simplemente se alejaron.

Pasé por un divorcio no deseado pero necesario, acoso laboral, intimidación y traición por parte de familiares, amigos y colegas. A eso se sumó la pérdida de mi hermano, socio, amigo y de alguien a quien consideraba como un hijo —demasiado pronto— a causa del cáncer.

Todo lo que podía pensar era: "¿Cómo y por qué me pasó esto a mí?" Seguí estudiando y obtuve el doctorado. Mi hermano Waraire y yo conseguimos un contrato para diseñar uniformes para McDonald's y vestir a LeBron James, Jay-Z, Stevie Wonder, Aldis Hodge, Raphael Saadiq, innumerables atletas de la NBA y también a agentes de

Hollywood. Colaboramos con Mitchell & Ness y recibimos elogios frecuentes en GQ, Esquire y The Hollywood Reporter. ¡Mi hermano incluso trabajó para Will Smith y Wesley Snipes, nada menos!

Pero cuando mi vida empezó a desmoronarse, traté de agradar a todos, me esforcé más y di aún más —sin darme cuenta de que, al hacerlo, estaba sacrificando mi alegría, mis límites, mi paz, mis finanzas, mi fuerza y mi tiempo.

Me había convertido en mi peor enemiga, atrapada en un ciclo de culpa y expectativas poco realistas. Pensaba que mi "medio caótico" no podía empeorar, hasta que se convirtió en un incendio que consumió todo lo que me quedaba.

Un día, mientras estaba en casa escuchando Redemption Song de Bob Marley, algo hizo clic. La letra hablaba de liberarse de las cadenas mentales y, en ese momento, entendí que no era el universo quien me castigaba: era yo quien me estaba deteniendo.

Nada de lo que pasé fue mi culpa. Las cosas suceden. Lo que realmente importa es cómo respondemos. Había pasado demasiado tiempo viviendo con una mentalidad negativa, creyendo que no era digna. Era momento de reescribir mi historia.

Y de eso trata este libro.

Aquí aprenderás a presentarte de verdad y a responder con intención, en lugar de simplemente actuar o reaccionar. Descubrirás cómo transformar los tropiezos en valiosas lecciones y cómo recuperar tu sentido de valor propio.

La vida es impredecible. Habrá dificultades, pérdidas y dolor. Pero la manera en que los enfrentas define el camino que tienes por delante.

Acompáñame a vivir sin excusas y sin límites "realistas" sobre todo lo que la vida tiene preparado para TI.

CONTENIDO

INTRODUCCIÓN

Worthy—una palabra que con el tiempo ha sido distorsionada y malinterpretada.

¿Cuántas veces has dudado de tu propio valor? Tal vez fue cuando no consiguiste el trabajo, cuando tus logros pasaron desapercibidos o cuando sentiste que, sin importar cuánto hicieras, nunca era suficiente. La sociedad nos enseña que el valor es algo que se gana—que se mide por nuestros éxitos, nuestras posesiones o la aprobación de los demás. Pero esa es una falsa creencia que nos han inculcado.

El valor no es un número, un título ni una validación externa. Es algo inherente, algo que ha sido tuyo desde el momento en que llegaste a este mundo. Y, lo más importante, no proviene de las voces ruidosas del exterior, sino de la voz silenciosa que habita dentro de ti.

Hoy más que nunca, necesitamos recalibrar nuestra comprensión del valor. En un mundo donde las redes sociales moldean sutilmente cómo nos percibimos, es fácil perdernos entre comparaciones y vidas cuidadosamente editadas. Pero el problema va más allá. Más allá del desplazamiento infinito en las redes, ¿qué más está desgastando nuestro sentido de valor propio? ¿Por qué esta pérdida se siente tan generalizada?

En mi experiencia, la disminución del amor propio que tantas personas experimentan hoy está profundamente relacionada con una mezcla de presiones sociales modernas que poco a poco van desgastando nuestra autoestima. Y siendo honesta, uno de los mayores culpables es nuestra cultura del perfeccionismo, que mantiene un control férreo sobre todo: desde el trabajo hasta la escuela. Hemos llegado a un punto en el que cada pequeño detalle puede ser calificado, y no nos damos cuenta de cuánto pueden afectar esas diminutas cinco estrellas la mente de una persona, de la peor manera posible. La verdad es que no solo exigimos esos estándares imposibles a los demás—también lo hacemos con nosotros mismos.

Nos hemos vuelto tan obsesionados con el logro y la productividad que hemos olvidado lo que significa realmente cuidarnos. La presión por cumplir con esas expectativas absurdamente altas—y admitámoslo, nadie puede cumplirlas todo el tiempo—nos deja sintiéndonos insuficientes. Y cuando digo "absurdamente altas", lo digo en serio. Nadie puede rendir al 100 % todo el tiempo. Simplemente no es humano. Pero aquí está el punto: esa búsqueda interminable de perfección no solo nos deja mental y emocionalmente agotados, sino que también nos impide reconocer y apreciar lo que realmente nos hace únicos.

Por supuesto, nuestra obsesión con la perfección también tiene raíces más profundas: la inestabilidad económica y la inseguridad laboral. Hoy trabajamos más que nunca solo para ganar lo mismo que antes. Incluso si tu salario ha aumentado un poco, probablemente sientas que no estás avanzando, gracias a la inflación. En un mundo donde gran parte de nuestro valor parece depender de cuánto ganamos o de qué tan bien nos va en el trabajo, cualquiera que esté enfrentando dificultades económicas o el desempleo puede empezar a sentirse con menos valor como persona. La economía de los trabajos temporales (gig economy) y los empleos inestables solo empeoran esta situación, dejando a las personas en un estado constante de estrés y ansiedad que termina afectando profundamente su sentido de valor propio.

Pero la verdad es que las raíces de esta búsqueda constante van mucho más profundo. Para muchos de nosotros, todo empieza en la infancia, cuando sobresalir y ser perfectos eran las expectativas. Ese impulso de "rendir" para obtener amor —la idea de que nuestro valor estaba ligado a lo que podíamos lograr— moldeó profundamente la manera en que nos veíamos a nosotros mismos. Y a medida que hemos crecido, esa presión no ha hecho más que aumentar.

Desde muy pequeños, los niños de hoy enfrentan una presión educativa aplastante. Las evaluaciones de alto riesgo, las calificaciones constantes y la carrera por ingresar a las mejores escuelas les enseñan que su valor depende del éxito académico. Esta temprana lección de competencia no solo afecta su desempeño; también puede dañar seriamente su autoestima, especialmente en aquellos que no encajan en el molde académico tradicional.

En resumen: nuestro sentido de valor propio está siendo tironeado en todas direcciones, y no parece que eso vaya a detenerse pronto. Si realmente queremos abrazar nuestros momentos caóticos —esas partes de nosotros que no son perfectas— tendremos que aprender a redefinir lo que nos hace verdaderamente valiosos y empezar a vernos por lo que realmente somos.

¿Qué encontrarás en este libro?

Escribí este libro porque quiero que entiendas algo: tu verdadero poder proviene de abrazar tus imperfecciones y aprender a conocerte de verdad.

Se trata de presentarte en las *"salas de espera"* de la vida con paciencia, dando pasos pequeños pero intencionales hacia una vida que se sienta bien para ti. Si esto resuena contigo, sigue leyendo —esto es lo que puedes esperar en los capítulos que vienen:

1. **Redefiniendo el valor propio:** Voy a empezar desafiando lo que la mayoría de las personas piensa sobre el valor. Profundizaremos en una forma más amplia e inclusiva de entender tu valía, una que no dependa de las medidas habituales.

2. **Reconociendo tu valor:** Aquí es donde sucede la magia. A través de ejercicios prácticos y momentos de reflexión, te guiaré para que reconozcas tu valor, especialmente cuando el mundo a tu alrededor insiste en decirte lo contrario.

3. **Deseos humanos comunes:** Todos tenemos necesidades fundamentales que nos hacen sentir valorados —cosas como la conexión, el respeto y el amor. Exploraremos cómo podemos satisfacer estas necesidades de formas saludables y plenas que realmente reafirmen quiénes somos.

4. **El papel del carácter y los dones personales:** Tus talentos, tu carácter —no son solo *"buenas cualidades"*; son el corazón de tu valor propio. Juntos, veremos cómo estos elementos moldean tu sentido de valía.

5. **Navegando los desafíos de la vida:** La vida nos lanza curvas inesperadas. Desde lidiar con la ansiedad hasta manejar los cambios inevitables, te ayudaré a encontrar estrategias para mantener tu sentido de valor intacto, incluso cuando la vida se sienta abrumadora.

El objetivo de este libro es claro: ayudarte a vivir una vida en la que tu valor esté anclado en una comprensión y aceptación profunda y personal de quién eres. Pero déjame ser honesta: no hay soluciones rápidas. Este libro no va a cambiarlo todo de la noche a la mañana.

Piensa en él como un punto de partida, una oportunidad para cambiar la forma en que te ves a ti mismo y tu lugar en el mundo. Este viaje consiste en hacer las paces con quien eres hoy, mientras sigues soñando con la persona en la que puedes convertirte.

La verdad aquí es simple, pero poderosa: tú eres la única persona con la que pasarás toda tu vida. Como dijo sabiamente Ernest Hemingway en The Sun Also Rises (1926): *"No puedes escapar de ti mismo mudándote de un lugar a otro."* Pero cuando tu sentido de valor es firme, las circunstancias externas dejan de tener poder sobre ti.

Para llegar ahí, necesitamos dejar de lado todo lo que nos han enseñado a valorar y empezar a descubrir lo que realmente importa para nosotros. Después de todo, como escribió tan bellamente Emily Dickinson en 1890: *"Habito en la posibilidad."*

Tomemos eso a corazón y exploremos la posibilidad de encontrar y abrazar plenamente nuestro verdadero valor —uno que vive en cada momento presente, en los "ahoras" que creamos y atesoramos.

CAPÍTULO 1

RECUPERA TU VALOR

"Tú eres lo mejor que tienes."
— Toni Morrison

Jane Fonda in Five Acts es un documental dirigido por la ganadora del Grammy Susan Lacy. Pero es mucho más que asomarse un momento a la vida de Jane Fonda: es como sentarte con ella a tomar un café y escucharla mientras te cuenta los altibajos de su increíble recorrido. Ha estado en la mira pública desde 1960, y en esta mirada tan cercana la vemos luchar con el peso de querer ser perfecta todo el tiempo. Y se nota que esforzarse por alcanzar un ideal imposible —uno que nunca deja de moverse— ha dejado su marca en ella.

Lacy hace algo increíble aquí: corre el telón y nos deja ver el lado real —ese que casi nunca se ve— de lo que implica ser una figura pública. Jane se abre y habla de su búsqueda constante de la perfección, ya sea como actriz, activista o simplemente como una mujer tratando de estar a la altura. Es honesta y directa. Nos cuenta cómo perseguir ese ideal muchas veces la dejaba vacía, sintiendo que nunca era suficiente. Y ahí es donde Jane nos deja una de las lecciones más importantes: el perfeccionismo no solo se interpone con la felicidad, también es tóxico. (Lacy, 2018)

Pero lo que realmente llama la atención en este documental es cómo la historia de Jane termina convirtiéndose en algo mucho más grande. No se trata solo de ella; es casi una reflexión poderosa sobre lo destructivo que puede ser el perfeccionismo. Muestra la presión que todos sentimos por encajar en un molde que sigue los estándares imposibles de la sociedad. Agrandamos cada pequeño defecto y nos exigimos cumplir con una imagen que ni siquiera es humana. Y así, nuestro valor termina enredándose con un ideal inalcanzable al que nunca vamos a llegar.

Al ver cómo se desarrolla la historia de Jane, es imposible no pensar en nuestra propia vida. ¿Cuántas veces somos demasiado duros con nosotros mismos, presionándonos para cumplir expectativas irreales que ni siquiera reflejan quiénes somos de verdad? Cuando vi este documental, hubo dos preguntas que no dejaban de dar vueltas en mi cabeza: ¿Por qué nos aferramos a estos ideales? Y ¿cómo sería si simplemente los dejáramos ir?

El atractivo de la perfección

"Si tan solo pudiera redecorar mi casa..."

"Si tan solo pudiera terminar el doctorado..."

"Si tan solo subiera las fotos perfectas de mis vacaciones..."

"...tal vez entonces les caería bien."

Para empezar, ¿quiénes son exactamente "ellos"? ¿Y por qué estás tan convencido de que son más "perfectos" que tú?

La verdad es que nadie tiene la vida resuelta. Los multimillonarios terminan en los tribunales de divorcio con la misma facilidad que alguien que gana el salario mínimo. Todos sentimos esa presión de "tenerlo todo junto", de alcanzar ese ideal que parece moverse todo el tiempo. Perseguimos la perfección como si fuera la línea de llegada de una carrera que promete felicidad del otro lado.

Pero esta es la verdad: la perfección es un mito. La sociedad nos vende una imagen brillante de cómo "debería" verse la vida —desde las portadas de revistas hasta los feeds de redes sociales—. Todo el tiempo nos muestran una versión de perfección que no solo parece alcanzable, sino casi obligatoria. Lo que muchas veces no vemos es que perseguir esa perfección no es el camino a la felicidad: es una trampa. Es como correr una maratón infinita donde la línea de meta se aleja más y más.

Brené Brown lo dice mejor que nadie en *The Gifts of Imperfection* (2010). Habla con una claridad impresionante sobre cómo perseguir la ilusión de lo "perfecto" —ese ideal que el mundo nos empuja a seguir— en realidad nos aleja de quienes somos de verdad. Es como si todos corriéramos atrás de esa imagen brillante e inalcanzable, pero mientras más nos acercamos, más notamos que es solo un espejismo. Y en esa carrera, terminamos atrapados en un estado constante de "seguir intentando", sin poder simplemente estar con nosotros mismos y sentirnos en paz con quienes somos, tal como somos.

Y digo sentirnos en paz, no conformarnos.

Brené propone algo bastante radical, pero también totalmente esencial: abrazar nuestras vulnerabilidades. En vez de esconderlas o fingir que no están ahí, nos invita a verlas como una fuente de fuerza. Se trata de presentarnos como somos, dejarnos ver, y hacerlo sin las máscaras ni la coraza detrás de las que tantas veces nos escondemos —en nuestras relaciones, en el trabajo, e incluso con nosotros mismos—. Ahí es donde pasa el crecimiento real: no persiguiendo un estándar perfecto que alguien más inventó por nosotros.

Lo verdaderamente revolucionario de su enfoque es que le da la vuelta por completo a la idea de perfección. Nos abre el camino para reconocer que nuestras rarezas, errores y luchas no son algo que tengamos que esconder —son parte de lo que nos hace ser quienes somos—. Y lo más poderoso es que nos conectan con otros que también están abrazando sus propios caminos imperfectos.

Es como un soplo de aire fresco, especialmente en un mundo que tantas veces valora más la apariencia que la autenticidad. Brown nos invita a liberarnos de la presión constante de ser "perfectos" y, en cambio, a encontrar alegría y sentido de valor en esas versiones reales, desordenadas y maravillosamente imperfectas de nosotros mismos.

La pregunta es: ¿por dónde empezamos?

Ejercicio 1: Abrazar la vulnerabilidad

Tomémonos un momento para poner en práctica la sabiduría de Brené Brown. Este ejercicio se trata de acercarte a tus vulnerabilidades, no como debilidades, sino como fuentes de poder y conexión. Toma un cuaderno o una hoja de papel, busca un lugar tranquilo donde puedas estar contigo mismo, y vamos a empezar.

Paso 1: Autorreflexión

1.1. Identifica tus vulnerabilidades

Piensa en las áreas de tu vida donde te sientes más vulnerable. Pueden ser partes de quién eres, experiencias de tu pasado o incluso miedos sobre lo que pueda traer el futuro. Escríbelas.

Sé honesto contigo; este es un espacio seguro, solo para ti. Aquí no hay juicios.

Ejemplos de preguntas:

¿Qué situaciones me hacen sentir expuesto o inseguro?

- ¿Hay aspectos de mi pasado que oculto de los demás por miedo a que me juzguen?
- ¿Qué miedos aparecen cuando pienso en cómo podrían verme los demás?

1.2. Reflexiona sobre tus emociones

Por cada vulnerabilidad que hayas identificado, tómate un momento para escribir unas líneas sobre cómo te hace sentir. ¿Despierta miedo, ansiedad o incluso vergüenza? Quédate con esas emociones. Reconócelas, pero no las juzgues. Solo míralas.

Ejemplos de preguntas:

- ¿Cómo me hace sentir esta vulnerabilidad en este momento?
- ¿Qué pensamientos aparecen cuando pienso en este aspecto de mí mismo?

Paso 2: Reformular la vulnerabilidad

2.1. Encuentra la fortaleza

Ahora empecemos a darle la vuelta a todo esto. Por cada vulnerabilidad que hayas identificado, intenta ver si puedes mirarla como una fortaleza. Sé que puede sentirse difícil, pero créeme: cada vulnerabilidad tiene una lección adentro. Cada herida guarda un poco de sabiduría.

Ejemplos de preguntas:

- ¿Cómo me ha hecho esta vulnerabilidad más fuerte o más resiliente?
- ¿De qué maneras esta vulnerabilidad me ayuda a conectar con los demás o a ser más empático?

2.2. Abraza el poder de contar tu historia

Piensa en un momento en el que compartiste una de tus vulnerabilidades con alguien más. ¿Cómo se sintió abrirte? ¿Cómo reaccionó la otra persona? Muchas veces, cuando nos permitimos ser vistos —tal como somos, sin máscaras y sin pretender perfección— nuestras relaciones se profundizan y nos acercan más a los demás.

Ejemplos de preguntas:

- Recuerda una experiencia positiva en la que compartir una vulnerabilidad haya generado una respuesta de apoyo.
- ¿Cómo cambió tu relación con la otra persona al compartir esta parte de ti?

Paso 3: Pasar a la acción

3.1. Practica la vulnerabilidad en pequeños pasos

Elige una de las vulnerabilidades de tu lista y haz un plan para compartirla con alguien en quien confíes. Puede ser un amigo, un familiar o un terapeuta. Empieza de a poco y nota cómo se siente abrirte.

Ejemplos de preguntas:

- ¿Con quién me siento lo suficientemente seguro como para compartir esto?

- ¿Cuál es una pequeña manera de empezar a expresar esta vulnerabilidad?

3.2. Crea una afirmación diaria

Repítela cada día como un recordatorio de que abrazar quién eres de verdad —incluyendo tus partes imperfectas y vulnerables— es un acto de valentía.

Ejemplo de afirmación:

- "Soy fuerte porque abrazo quién soy de verdad, incluidas mis vulnerabilidades."

Después de haber compartido tu vulnerabilidad y practicado tu afirmación durante una semana, tómate un momento para reflexionar. ¿Cómo te sentiste? ¿Qué cambios notaste en ti y en los demás? Sé amable contigo mismo y ajusta lo que necesites. Este es un camino, no un destino, y cada paso que das te lleva hacia más autenticidad y conexión.

Dar el paso hacia la vulnerabilidad es el primer movimiento para abrazar nuestras imperfecciones como parte de quienes somos de verdad. Hay algo profundamente hermoso en aceptar que somos imperfectos... algo realmente poderoso en decir: *"Aquí estoy, con mis errores y todo. Ámame o déjame, porque yo elijo amarme."*

Pero dejemos algo claro: ser auténtico no significa rendirse ni conformarse con menos. No se trata de soltar tus metas, tu autocuidado o lo que te importa. Se trata de estar presente y esforzarte por ser tu mejor versión —no la mejor, sino tu mejor— en todo lo que haces.

Cuando dejamos de medirnos con la idea de perfección de alguien más, empezamos a ver nuestro propio valor. Empezamos a entender que quienes somos de verdad es suficiente, exactamente como somos.

La influencia de las redes sociales

Uno de los aspectos de nuestra vida que más necesita nuestra atención son las redes sociales: una herramienta que, para muchos, se ha convertido en una especie de espejo deformado que distorsiona la manera en que nos vemos a nosotros mismos y a los demás. Las imágenes que vemos suelen ser momentos cuidadosamente seleccionados de "perfección", que muestran solo lo bueno y borran lo difícil. Este flujo constante de momentos idealizados puede hacernos sentir que estamos quedando cortos, como si simplemente no fuéramos suficientes. Olvidamos que esas imágenes están editadas, filtradas y creadas con intención; no muestran la vida real, esa vida completa, caótica y desordenada.

Sabes cómo es: estás deslizando en tu feed de Instagram y ves las fotos de vacaciones perfectamente posadas de alguien, su piel radiante, su vida familiar que parece sacada de una postal. Por un momento, puede hacerte sentir que estás haciendo todo mal. Es como si todos los demás estuvieran viviendo su mejor vida, impecable, mientras tú solo intentas mantenerte a flote. Pero si te detienes a pensarlo, recuerdas que esas imágenes suelen ser solo una pequeña parte de los momentos destacados de alguien, no la imagen completa —y mucho menos la parte complicada— de su vida.

Es fundamental detenernos y hacernos una pregunta honesta: ¿qué estamos midiendo cuando usamos las redes sociales para definir nuestro valor? ¿Es la cantidad de "me gusta" que recibimos o la calidad de las relaciones que construimos? La verdad es que las plataformas de redes sociales están diseñadas para ser adictivas y hechas para mantenernos enganchados. Cada "me gusta", comentario o compartido es una mini dosis de validación que activa una liberación de dopamina —

ese neurotransmisor que nos hace sentir bien y que está ligado al placer y la recompensa (Watson, 2024). Pero aquí está el punto: esa gratificación instantánea es pasajera y, con el tiempo, puede alejarnos de las conexiones reales, caóticas y hermosamente humanas que de verdad nos nutren. Es un subidón, muy parecido al que sentimos con otras conductas adictivas, como apostar o recurrir a la comida reconfortante. El sistema de recompensa de nuestro cerebro se enciende y, antes de darnos cuenta, ya estamos enganchados. Esos "me gusta" y comentarios se vuelven nuestra pequeña dosis, empujándonos a perseguir una y otra vez esa misma sensación de validación.

El problema es que este ciclo impulsado por la dopamina puede ser bastante peligroso. Terminamos atrapados en un patrón de buscar validación externa una y otra vez solo para sentirnos bien con nosotros mismos. Y lentamente, casi sin darnos cuenta, empezamos a depender de esas afirmaciones digitales para mantener nuestra autoestima a flote. Con el tiempo, esa dependencia puede convertirse en una verdadera adicción a las redes sociales, donde nuestro estado de ánimo y nuestro sentido de valor quedan totalmente atados a la retroalimentación que recibimos en línea. Una publicación puede conseguir cientos de "me gusta" hoy, pero mañana ya está enterrada bajo una nueva ola de contenido. Y así, sin darnos cuenta, ahí estamos otra vez, persiguiendo esa misma validación fugaz. Cuando los "me gusta" o los comentarios no llegan como esperábamos, sentimos esa punzada familiar de insuficiencia. Empezamos a compararnos con otros, mirando sus momentos destacados tan cuidadosamente seleccionados y preguntándonos por qué nuestra vida no se ve igual. Es un lugar peligroso para estar, especialmente cuando sentimos que siempre estamos quedando cortos.

Cuando empecé a usar Instagram y subía pequeñas instantáneas de mi día, me daba un subidón ver todos los "me gusta" y comentarios. Cada reacción era casi como una señal de aprobación: que caía bien, que era popular. Y sí, me gustaba esa sensación. Pero con el tiempo empecé a notar pequeñas punzadas de decepción cuando algunas de mis publicaciones recibían menos reacciones. Me hacía preguntarme qué estaba mal conmigo. Sé que suena tonto, pero todos buscamos esa aprobación y, si las redes sociales nos la dan, la extrañamos cuando desaparece —llámalo el efecto dopamina. Ahora que entiendo lo adictivo que puede ser, ya no uso las redes sociales para buscar validación externa y, sinceramente, me siento libre.

También quiero decirte algo: si alguna vez te sentiste así, no es tu culpa. Las compañías de redes sociales diseñaron estos sistemas para que fueran adictivos, así que no estás solo si te sentís atrapado en ese ciclo.

El hecho de que esto sea así no es ningún secreto. En 2017, el exejecutivo de Facebook Chamath Palihapitiya admitió abiertamente que estas plataformas están diseñadas para aprovechar nuestras vulnerabilidades psicológicas y mantenernos "enganchados" (Palihapitiya, 2017). Lo logran explotando principios básicos de la psicología humana, usando distintas herramientas de diseño creadas justamente para eso. Cada vez que das o recibís un "me gusta", compartís algo o comentás, ellos saben que tu cerebro recibe una descarga de dopamina, lo que te hace querer más. Y con el scroll pasa lo mismo: es una forma de lograr que consumas más contenido y te mantengas ahí, conectado, mucho más tiempo del que pensabas. Como advirtió el exdiseñador de Google Tristan Harris, los algoritmos integrados en las redes sociales están hechos para maximizar el tiempo que pasamos en ellas, usando notificaciones push que nos tiran de vuelta a la app una y otra vez (Harris, 2019).

Aunque la intención inicial de Facebook haya sido conectarnos, la verdad es que la mayoría de esas interacciones terminan siendo bastante superficiales. A veces incluso lo llamo "redes antisociales", porque pueden hacernos sentir todavía más aislados. Si viste *The Social Dilemma* (2020), seguro recordás cómo muestra que las plataformas de redes sociales usan manipulación basada en datos para mantener a la gente enganchada. Y no es casualidad. Las redes sociales están diseñadas para que pasemos la mayor cantidad de tiempo posible ahí, impulsadas por el interés de obtener ganancias de nuestra atención. No sorprende que sea tan difícil resistirse.

Veamos el panorama más amplio. No se trata solo de la gratificación instantánea que dan los "me gusta" o las veces que se comparte algo. Este ciclo está afectando nuestra salud mental de maneras mucho más profundas. Las investigaciones han demostrado que el uso excesivo de redes sociales puede aumentar los sentimientos de depresión y ansiedad (Zubair, 2023). Y lo que resulta aún más desafiante es cómo estas plataformas pueden distorsionar nuestra percepción de la realidad. Vemos esas imágenes cuidadosamente seleccionadas de la vida de otras personas, y es muy fácil caer en la trampa de creer que todos los demás están viviendo una vida mejor, más emocionante. Esa distorsión nos hace sentir menos, como si estuviéramos quedándonos atrás o perdiéndonos de algo.

Aquí va la verdad difícil: liberarse del juego de las comparaciones no es sencillo, y no se trata solo de "superarlo". Para muchos de nosotros, las redes sociales se han convertido casi en una línea de vida: ya sea por trabajo, para mantenernos conectados con nuestros seres queridos o simplemente para seguir el ritmo del mundo. Pero incluso con todo lo bueno que pueden traer, tenemos que reconocer que muchas de estas conexiones en línea se construyen sobre versiones nuestras que no muestran el cuadro completo. Son versiones filtradas, editadas y cuidadosamente armadas. Las conexiones reales y significativas suceden cuando nos mostramos tal como somos, con autenticidad, fuera de la pantalla; cuando cultivamos relaciones que están ancladas en la realidad.

Es un cambio —un cambio de enfoque—: dejar atrás las métricas y la validación digital para volver a las conexiones reales, presentes y con verdadero sentido. Puede que no sea fácil, pero es un paso hacia reconectar con quienes realmente somos, más allá de la pantalla.

Enfocarte en el proceso, no en las métricas

Seamos honestos: vivimos en un mundo que idolatra el éxito medible. Es mucho más fácil contar los "me gusta", los seguidores o lo que dice un cheque que detenernos a notar ese crecimiento personal —más silencioso, más interno— que está ocurriendo dentro de nosotros. Pero ¿qué pasaría si cambiáramos un poco el enfoque? Si en vez de fijarnos solo en la meta, empezáramos a disfrutar el camino. ¿Qué pasaría si celebráramos el proceso, y no solo el resultado?

Esto se trata de aprender a encontrar alegría en el hacer, no solo en lograr. Déjame llevarte de vuelta a algo que mencioné antes: Emily Dickinson dijo una vez, *"La eternidad está compuesta de ahoras"*. Son esos momentos cotidianos, esos pequeños pasos hacia adelante, los que van tejiendo el tejido de nuestra vida. Esos momentos importan; ahí es donde ocurre el verdadero crecimiento.

Al final del día, el éxito no se trata solo de lo que puedes mostrar en papel o de lo que otros pueden ver. Se trata de cómo te sentís cuando apoyás la cabeza en la almohada por la noche. ¿Hiciste hoy algo que te hiciera sentir vivo? ¿Te mostrastes como tu yo verdadero? ¿Actuaste alineado con tus valores?

Apuesto a que probablemente has estado tan enfocado en todo lo que *todavía* te falta hacer, que no te has detenido un momento a reconocer lo lejos que ya llegaste. Es tan fácil pasar por alto las pequeñas victorias, ignorar el momento presente mientras perseguimos lo que sigue. Pero esos pequeños pasos… ¿sabes qué? Importan mucho más de lo que creemos.

Gran parte de esto viene del miedo a fracasar. Pero la verdad es que el único fracaso real ocurre cuando no somos capaces de ver que los errores, los tropiezos y los retrocesos no son fracasos en absoluto. De hecho, son una parte esencial del camino hacia el éxito. Cada vez que tropezamos, aprendemos algo valioso. Cada desafío que enfrentamos nos forma y fortalece nuestra resiliencia.

Cuando caemos y nos levantamos, no solo volvemos a ponernos de pie: avanzamos con una sabiduría más profunda. Y con esa sabiduría, somos capaces de seguir adelante con más fuerza y claridad que antes.

Muchas figuras conocidas han superado grandes desafíos en sus vidas y se han recuperado de una adversidad extrema. Una de las más famosas es Abraham Lincoln, un hombre autodidacta que eventualmente se convirtió en presidente de los Estados Unidos. No solo luchó contra la depresión tras perder al amor de su vida a causa de la fiebre tifoidea, sino que también padecía un raro trastorno genético llamado síndrome de Marfan, el cual probablemente contribuyó a su contextura inusualmente alta y delgada, sus extremidades largas y sus problemas articulares.

Además de sus luchas personales —incluido el dolor por la pérdida de su hijo pequeño—, Lincoln enfrentó varios otros reveses a lo largo de su vida. Su negocio fracasó, se declaró en bancarrota y perdió múltiples elecciones. Aun así, fueron precisamente esos momentos los que parecían alimentar su determinación. No olvidemos su liderazgo durante la Guerra Civil estadounidense y su compromiso con la abolición de la esclavitud. Las creencias que sostuvo y las acciones que tomó reflejan una resiliencia extraordinaria frente a la adversidad, convirtiéndolo en un claro ejemplo de alguien que vuelve a levantarse una y otra vez después de caer.

El miedo al fracaso es, muchas veces, lo que nos frena de tomar los riesgos que podrían acercarnos a nuestros sueños. Vemos el fracaso como algo que hay que evitar a toda costa. Pero ¿qué pasaría si dejáramos de verlo así? ¿Qué tal si lo abrazamos como parte de nuestra historia, como un capítulo necesario en nuestro crecimiento?

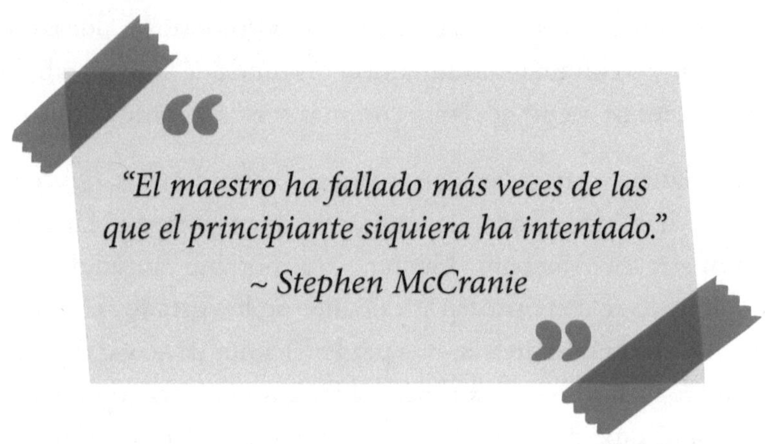

Cuando enfrentamos el fracaso, se nos presenta una oportunidad para hacer una pausa y hacernos una pregunta difícil: ¿por qué pasó esto? Ese *"por qué"* es muy importante —no se trata solo de lo que salió mal, sino de entender qué puede enseñarnos. Este tipo de reflexión no solo es clave para nuestro crecimiento personal y profesional, también es esencial para nuestro crecimiento espiritual. Así que no deberíamos huir de ello.

Sí, puede resultar incómodo. Esa primera punzada de vergüenza puede hacernos querer apartarnos. Pero una vez que superamos esa incomodidad, empezamos a ver las cosas con más claridad. El *"por qué"* nos ayuda a identificar las áreas en las que podemos mejorar, y ahí es donde ocurre la magia. Podemos hacer cambios, ajustar el rumbo y avanzar con más sabiduría.

Piensa en la cantidad de emprendedores e innovadores que han fracasado una y otra vez. Muchos de ellos enfrentaron obstáculos que parecían imposibles. Pero fue su resiliencia, su capacidad para levantarse después de cada caída, lo que les dio la fuerza para seguir perfeccionando sus ideas y avanzar. Vienen a la mente tantos nombres: Thomas Edison, quien dijo alguna vez: *"No he fracasado. Solo he encontrado 10.000 formas que no funcionan"*, después de innumerables intentos fallidos para inventar la bombilla eléctrica; Henry Ford, que pasó de la bancarrota a revolucionar la industria automotriz; y

Walt Disney, que fue despedido de su primer trabajo por *"falta de imaginación y no tener buenas ideas."* Increíble, ¿no?

Si no has visto En busca de la felicidad (*The Pursuit of Happyness*, 2006), protagonizada por Will Smith, te recomiendo verla. Cuenta la historia real de Chris Gardner, un vendedor que enfrentó enormes dificultades e incluso la falta de vivienda antes de convertirse en multimillonario. Una de las escenas más impactantes de la película es cuando Chris, con su pequeño hijo, se refugia en el baño de una estación del metro mientras alguien intenta forzar la puerta. Su deseo de proteger a su hijo, en medio de la desesperación, muestra la profunda tristeza de su situación. Pero nunca se rinde —y son momentos tan duros como ese los que hacen que su éxito sea aún más inspirador.

Aquí está la verdad: el fracaso es parte del proceso. No es solo un obstáculo en el camino—es esencial. A través del ensayo y error descubrimos qué funciona, qué no, y, finalmente, cómo crear algo verdaderamente significativo.

Este proceso no es solo un paso hacia el éxito, es la base de la innovación y del crecimiento en todas las áreas de la vida.

Aceptar el fracaso es una de las claves para desarrollar resiliencia. La resiliencia es esa fuerza silenciosa que llevamos dentro: la capacidad de levantarnos sin importar cuántas veces caigamos. Se trata de poder recuperarnos de los tropiezos, grandes o pequeños, y seguir avanzando. Esta resiliencia no solo nos ayuda en nuestra carrera; también es esencial en nuestras relaciones. Seamos honestos: los malentendidos, los desacuerdos y los conflictos son parte de la vida. Pero la manera en que respondemos a ellos —cómo enfrentamos la situación y permanecemos abiertos, incluso cuando todo se complica— puede moldear verdaderamente nuestras relaciones y nuestras vidas.

Si te ves recogiendo los pedazos después de un fracaso o un tropiezo, estás construyendo una versión más equilibrada de ti mismo. Tu valor no depende de cómo te perciban los demás o de lo "tonto" que creas que fue tu error. Lo que importa es que sigues aquí, sigues intentando, sigues aprendiendo. Eso es resiliencia.

El trabajo de Kristin Neff sobre la autocompasión ha sido un punto de inflexión en la manera en que afrontamos nuestras propias dificultades. Al aprender a tratarnos con amabilidad, comenzamos a desarrollar una forma de fortaleza que no depende de la perfección. La autocompasión nos ayuda a reemplazar esa voz interna de autocrítica por un tono más amable y comprensivo. Este cambio no solo hace la vida más llevadera, sino que también nos permite enfrentar los desafíos con más confianza y menos miedo (Neff, 2015).

Las investigaciones de Neff muestran que las personas que practican la autocompasión tienen más probabilidades de recuperarse de los contratiempos. Presentan una mayor resiliencia emocional y una mayor satisfacción con la vida, además de ser menos propensas a experimentar ansiedad o depresión. Esto no se trata de ignorar nuestros defectos ni de fingir que no cometemos errores, sino de mirarnos con comprensión y paciencia. Se trata de tratarnos con la misma gentileza con la que trataríamos a un ser querido que atraviesa un momento difícil.

Así que, la próxima vez que te descubras a punto de criticarte o juzgarte, haz una pausa. Respira profundo y prueba algo diferente: la autocompasión. Trátate con la misma amabilidad, paciencia y comprensión que le ofrecerías a un buen amigo que está pasando por un momento difícil. Cuando te miras con compasión en lugar de crítica, abres la puerta al verdadero crecimiento. Desde ese lugar de amabilidad contigo mismo, se vuelve mucho más fácil liberarte del implacable peso del perfeccionismo.

Aprendizaje clave:

Hay una sensación de libertad y alivio que surge cuando aprendemos a aceptar nuestras imperfecciones —una libertad que muchas veces pasamos por alto mientras quedamos atrapados en el agotador ciclo de intentar "arreglarnos". Creemos que la perfección es la meta, pero no nos damos cuenta de que esa búsqueda no solo es insostenible, sino también tóxica. Nos roba la alegría, la paz y el amor propio. El perfeccionismo puede sentirse como una carrera sin fin: siempre hay algo más por hacer, algo más por demostrar, y en esa carrera perdemos de vista lo que realmente importa: quiénes somos aquí y ahora, con todo y nuestras fallas.

La verdadera liberación llega cuando dejamos de huir de nuestras imperfecciones. En lugar de temer o esconder nuestras sombras, elegimos abrazarlas. Las partes de nosotros que consideramos imperfectas —esos momentos de fracaso, vulnerabilidad o incomodidad— son justamente donde reside nuestra fuerza y crecimiento. No son cosas de las que avergonzarse; son los hilos que entretejen nuestra humanidad. Al aceptar nuestras fallas, creamos espacio para la autenticidad, la conexión y la alegría.

Dejemos de apuntar a la perfección y empecemos a apuntar al crecimiento. Porque la verdad es que son nuestras imperfecciones las que nos hacen completos. No son lo opuesto al éxito: son precisamente lo que nos ayuda a convertirnos en quienes estamos destinados a ser.

CAPÍTULO 2

DESCUBRE TU VALOR INTERIOR

"La forma más común en que las personas renuncian a su poder es creyendo que no tienen ninguno."

— Alice Walker

Así que ya hemos empezado a reconocer nuestro valor, a aprender a nutrirlo y a dejar de ponerlo en manos de las opiniones de los demás. Pero aquí va la verdadera pregunta: ¿qué es lo que realmente nos hace sentir valiosos? Te doy una pista: no es una ovación de pie ni la aprobación de la sociedad.

El valor verdadero —ese que es profundo e inquebrantable— nace desde adentro. No se trata de cuántas personas nos validan, sino de qué tan alineados estamos con nuestros propios valores. Es decir, cuando nos mostramos en el mundo tal como somos y vivimos de una forma que refleja lo que realmente nos importa. Ahí es cuando sentimos, de verdad, la plenitud de nuestro propio valor.

La sociedad, por desgracia, tiene mil formas de medir el éxito, y ninguna de ellas tiene que ver con lo que hay en nuestro corazón. Y si seguimos persiguiendo señales externas —más estatus, más aprobación, más *"hacerlo bien"*— vamos a terminar agotados, frustrados y desconectados de quienes realmente somos.

Tenemos que volver la mirada y los oídos hacia adentro para acercarnos más a la fe y también a nosotros mismos. Verás, en el mundo espiritual, escuchar no se trata solo de usar los oídos. Implica una escucha interna, espiritual, que crea un ambiente de fe. La palabra griega **akouo** significa oír, pero también implica escuchar la voz de Dios, una voz que tiene el poder de nutrir la fe dentro de nosotros.

Así que quiero animarte a practicar **akouo** a medida que seguimos avanzando.

> *La realidad física es solo un espejo. Y será lo que tú definas que sea; lo que creas que es más verdadero, eso es lo que obtendrás. Por eso es tan importante prestar atención a esas creencias y definiciones, porque son precisamente ellas —y solo ellas— las que crean tu experiencia de realidad física.*
>
> *~ Bashar*

Identificar momentos de valor

Cada día nos encontramos con momentos que van desgastando nuestra sensación de valía —pequeños golpes que nos hacen preguntarnos si somos suficientes. Sucede de las formas más sutiles: una mirada despectiva, un mensaje sin responder, una comparación que no queríamos hacer, pero que igual hicimos. Y, sin darnos cuenta, entramos en un espiral y empezamos a buscar validación en todos los lugares equivocados.

Pero nuestro valor no es algo que las fuerzas externas puedan darnos o quitarnos. Al contrario, lo cultivamos desde adentro. Por eso la autorreflexión es tan importante: nos ayuda a conectar con esos momentos que nos hacen sentir verdaderamente valiosos. Con esto en mente, quiero invitarte a ir más despacio y a notar cuándo te sientes:

- **Apreciado:** ¿Cuándo fue la última vez que te sentiste visto y reconocido?
- **Capaz:** ¿Qué momento te hizo sentir capaz y fuerte?
- **Pleno:** ¿Cuándo te sentiste profundamente conectado con lo que más importa?

Toma un respiro y quédate de verdad con estas preguntas. ¿Qué estaba pasando en esos momentos? ¿Con quién estabas? ¿Qué estabas haciendo? No son solo sentimientos pasajeros; son pequeñas señales que te van guiando de vuelta a tu versión más auténtica.

Y estas sensaciones pueden aparecer justo cuando menos lo esperamos. En El hombre en busca de sentido (*Man's Search for Meaning*), Viktor Frankl nos muestra algo extraordinario: que incluso en lo más profundo del sufrimiento, nuestros valores no desaparecen. Al contrario, se vuelven más claros, más definidos. El hecho de que haya logrado encontrar un profundo sentido de valor y propósito incluso en el horror de los campos de concentración, al conectar su sufrimiento con una historia más grande de amor y responsabilidad, es realmente impresionante. (Frankl, 2006)

La historia de Frankl nos recuerda que nuestro valor no está atado a las circunstancias; de hecho, brilla con más fuerza cuando se pone a prueba. Y aunque no siempre podemos controlar lo que nos pasa, sí podemos decidir cómo lo definimos. Ninguna situación, por sí sola, dicta cómo nos sentimos; lo que lo hace es la interpretación que le damos. Puede sonar radical, pero piénsalo: un mismo evento puede quebrar a una persona y fortalecer a otra. No es la realidad en sí, sino el significado que le damos.

Basta con mirar la vida extraordinaria de Nelson Mandela para entender lo poderoso que puede ser este enfoque. Todos conocemos sus terribles 27 años de encarcelamiento durante la era del apartheid en Sudáfrica. Antes de ser encarcelado, Mandela ya era un hombre influyente, pero nada podría haberlo preparado para las duras pruebas que enfrentó en la prisión de Robben Island. El trabajo forzado, el aislamiento de otros prisioneros y las restricciones en las visitas debieron pasarle una factura enorme. Aun así, siguió luchando contra la opresión desde las paredes de su celda, sin permitir que las circunstancias quebraran su espíritu. Lo que más me conmueve de la historia de Mandela es su decisión de perdonar a quienes lo oprimieron.

Aún recuerdo como si fuera hoy el histórico paseo hacia la libertad cuando fue liberado de la prisión Victor Verster en 1990. Él mismo dijo: *"Cuando salí por la puerta hacia mi libertad, supe que si no dejaba atrás mi amargura y mi odio, seguiría siendo un prisionero."* Mandela nunca perdió de vista lo que realmente importaba y continuó esforzándose por la paz y la reconciliación, en lugar de la venganza y el odio, a pesar de todo su sufrimiento.

Si tu mente tiene el poder de moldear tu experiencia de formas que te disminuyen, también tiene el poder de hacerlo de maneras que te eleven. *En lugar de eso, empieza a notar esos momentos de reconocimiento: los que te recuerdan quién eres y lo que realmente importa.*

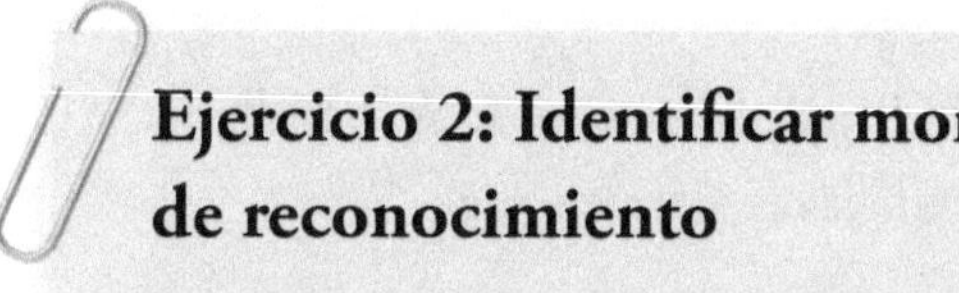

Ejercicio 2: Identificar momentos de reconocimiento

Tomémonos un momento para reflexionar e identificar esas situaciones importantes en las que de verdad te sentiste reconocido y valorado. Este ejercicio te ayudará a entender qué es lo que te hace sentir valioso y cómo crear más de esos momentos tan significativos en tu vida diaria.

Paso 1: Reflexiona sobre experiencias pasadas

1.1. Recuerda momentos positivos

Tómate un momento para volver a esos momentos en los que de verdad te sentiste visto y valorado. No solo cuando alguien te hizo un cumplido, sino esos momentos profundos y significativos en los que supiste que importabas. Tal vez fue una ocasión en la que se reconoció tu esfuerzo, cuando un amigo estuvo ahí para ti, o cuando sentiste que marcaste una diferencia real en la vida de alguien.

<u>Ejemplos de preguntas:</u>

- ¿Cuándo fue la última vez que alguien reconoció tu esfuerzo o tus logros?
- ¿Puedes recordar un momento en el que un amigo o un familiar expresó su aprecio por ti?
- ¿Qué momentos de tu vida te hicieron sentir realmente visto y escuchado?

1.2. Describe el contexto

Para cada momento, describe el contexto en el que ocurrió. ¿Cuáles eran las circunstancias? ¿Quién estaba contigo? ¿Cómo te sentías en ese momento? Trata de ser lo más detallado posible para captar la esencia de esas experiencias.

Ejemplos de preguntas:

- ¿Qué estaba pasando en tu vida en ese momento?
- ¿Quién jugó un papel importante para que te sintieras valorado?
- ¿Cómo impactó ese reconocimiento en tu autoestima y en tu estado de ánimo en general?

Paso 2: Analiza y comprende

2.1. Identifica temas comunes

Busca temas o patrones que se repitan en los momentos que describiste. ¿Hay tipos específicos de reconocimiento que te hagan sentir más valorado? ¿Se trata de un elogio de alguien con autoridad, una conversación sincera con un amigo o el haber alcanzado una meta personal?

Ejemplos de preguntas:

- ¿Qué tipos de reconocimiento resuenan más contigo?
- ¿Hay personas o entornos en los que te sientas más valorado?
- ¿Cómo se alinean esos momentos de reconocimiento con tus valores y fortalezas?

2.2. Reconoce tus aportes

Reflexiona sobre tus aportes en cada uno de esos momentos. ¿Qué acciones o cualidades llevaron a ese reconocimiento?

Entender el papel que tuviste puede ayudarte a identificar tus fortalezas y esas áreas en las que destacas de manera natural.

Ejemplos de preguntas:

- ¿Qué hiciste para ganarte ese reconocimiento?
- ¿Cómo reflejaron tus acciones tus valores y habilidades principales?
- ¿Qué fortalezas pusiste en juego durante esos momentos?

Paso 3: Cultiva el reconocimiento futuro

3.1. Establece intenciones

A partir de tus reflexiones, establece intenciones para crear más momentos de reconocimiento en tu vida. Piensa en formas concretas de buscar o cultivar activamente este tipo de experiencias. Esto puede incluir fijarte metas personales, comunicar tus necesidades a quienes te rodean o simplemente ser más consciente de tus propios logros.

Ejemplos de preguntas:

- ¿Qué pasos puedes dar para buscar reconocimiento en tu vida diaria?
- ¿Cómo puedes comunicar tu necesidad de aprecio a las personas que te rodean?
- ¿Qué metas personales puedes establecer para crear oportunidades de reconocimiento?

3.2. Practica el autorreconocimiento

Aunque el reconocimiento externo es valioso, el autorreconocimiento puede marcar una gran diferencia.

Celebra tus logros, incluso los más pequeños, y empieza a hacer del autorreconocimiento un hábito. Cuanto más reconozcas tus propios esfuerzos, más refuerzas una verdad fundamental: tu valor no está en discusión. Ya está ahí.

Ejemplos de preguntas:

- ¿Cómo puedes crear el hábito de reconocerte a ti mismo?
- ¿Qué prácticas diarias pueden ayudarte a reconocer tu propio valor?
- ¿De qué maneras puedes celebrar tus logros, grandes o pequeños?

¿Cuándo te sientes realmente visto por quien eres de verdad? ¿Y cuándo sientes que te reducen a una etiqueta, a una expectativa o a la versión que alguien más tiene de ti? Estas dos preguntas pueden abrir una comprensión más profunda de tu valor, si estás dispuesto a quedarte con ellas.

El desafío de los juicios externos

Volviendo a Mandela, no hay duda de que respondería a estas preguntas diciendo que sus acciones siempre reflejaron sus valores. Para él, nunca se trató de la gloria personal, sino de servir a los demás. En el pasado fue etiquetado de muchas maneras —criminal, terrorista e incluso solo un número de prisionero—. Pero, según sus propias palabras, era simplemente un hombre haciendo lo que creía correcto. Quizás ese sea el mayor desafío con el que todos luchamos: mantenernos fieles a nosotros mismos.

Los juicios externos son complicados. Se cuelan a través de un comentario al pasar de un compañero de trabajo, el consejo no pedido de un familiar o el ruido constante de las expectativas sociales que nos dicen quién *deberíamos* ser. Si los dejamos, esos juicios pueden ocupar demasiado espacio en nuestra mente, hacernos dudar de nosotros mismos, encogernos para encajar en la comodidad de otros o incluso desconectarnos de nuestra propia verdad.

Pero aquí va la verdadera pregunta: *¿de dónde vienen esos juicios externos y por qué les damos tanto poder?*

Veámoslo más de cerca.

Familia y amigos	Lugar de trabajo y compañeros
Las personas más cercanas a nosotros a veces tienen el mayor impacto en nuestra autoestima. Sus expectativas, opiniones y comparaciones pueden influir en cómo nos vemos a nosotros mismos. Aunque sus intenciones sean buenas, esos juicios a veces se sienten como una presión para encajar en sus ideales.	Los entornos profesionales suelen ser un terreno fértil para los juicios externos. Las evaluaciones de desempeño, las revisiones entre colegas e incluso los comentarios al pasar pueden hacernos dudar de nuestras habilidades y de nuestro valor. Esto puede volverse especialmente desafiante cuando tratamos de cumplir con las expectativas laborales o avanzar en nuestra carrera.
Normas culturales y sociales	**Instituciones educativas**
Los estándares sociales y las normas culturales juegan un papel importante en cómo nos percibimos. Estas reglas no escritas sobre cómo deberíamos vernos, comportarnos o tener éxito pueden crear expectativas poco realistas. Y cuando no logramos cumplirlas, es fácil que aparezcan sentimientos de insuficiencia y una baja autoestima.	Las escuelas y universidades suelen poner el foco en las calificaciones, los resultados de exámenes y los reconocimientos, lo que puede fomentar una mentalidad rígida. La presión por destacar académicamente puede terminar opacando el crecimiento personal y el valor propio, haciéndonos sentir valiosos solo por nuestros logros.

¿Qué podemos hacer al respecto?

Una forma efectiva surge de la investigación de Carol Dweck en Mindset: The New Psychology of Success. En su libro, la reconocida psicóloga y profesora de la Universidad de Stanford habla de la diferencia entre una mentalidad fija y una mentalidad de crecimiento. Cuando empezamos a vernos como personas en constante evolución y con capacidad de crecer —en lugar de quedarnos atrapados en rasgos fijos—, casi de inmediato fortalecemos nuestro sentido de valor interior. Y eso puede ayudarnos a bajar el volumen del ruido de los juicios externos.

Pasar de una mentalidad fija a una mentalidad de crecimiento implica cambiar la forma en que vemos nuestras habilidades y nuestro potencial, y ya te explico a qué me refiero con eso. En lugar de creer que nuestros talentos y nuestra inteligencia son rasgos estáticos —cosas que no se pueden cambiar—, empezamos a verlos como cualidades que pueden desarrollarse con esfuerzo y constancia. Por ejemplo, si piensas que dibujar no se te da bien por naturaleza, adoptar una mentalidad de crecimiento implica entender que, con práctica y las técnicas adecuadas, puedes mejorar. En ese caso, podrías empezar probando cosas nuevas, como tomar una clase de dibujo. Y a medida que avances y notes que tus habilidades mejoran, irás reforzando la creencia de que puedes aprender y destacar en cosas nuevas.

Ahora, veamos algunos de los principios de la mentalidad de crecimiento y cómo se comparan con los de una mentalidad fija.

Mentalidad de crecimiento	Mentalidad fija
Creencia en el desarrollo	Cree en habilidades fijas
Acepta los desafíos	Evita los desafíos
Sigue adelante ante los tropiezos	Se rinde ante los tropiezos
Valora el esfuerzo	Minimiza el esfuerzo
Recibe la retroalimentación	Se resiste a la retroalimentación

Claro que sí: parte de tener una mentalidad de crecimiento implica creer en nosotros mismos. Pero la pregunta no es "*¿Es posible?*". Eso ya lo sabemos. Lo hemos visto una y otra vez, tanto en la investigación como en la experiencia, cuando cosas buenas nos pasan a nosotros y a otros. La verdadera pregunta es: "*¿Es probable?*". Y esa respuesta depende de cómo estamos pensando hoy, de nuestras ideas, suposiciones y creencias.

Cuando te preguntas "*¿Es posible?*", estás buscando pruebas en el mundo de lo que ya pasó. En cambio, hazte otra pregunta: "*¿Quién dices que soy?*". Ahí es donde empieza el trabajo. Necesitas fortalecer esa voz interior y empezar a confiar, con valentía, en tu capacidad para lograr lo que te propongas. Puedes ir más allá de cualquier cosa que hoy sientas como un obstáculo para tu crecimiento y tu valor, si empiezas a ver las desventajas como regalos.

Esto pasa todo el tiempo en el deporte, donde los atletas siguen destacándose incluso después de lesiones o tragedias personales. Un gran ejemplo fue cuando los Louisville Cardinals de la Universidad de Louisville disputaban un partido de la NCAA contra su rival, la Universidad de Duke. Justo cuando Kevin Ware —que en ese entonces era jugador de segundo año— saltó para bloquear un tiro, cayó muy mal sobre la pierna y se la fracturó en seis partes.

Fue tan doloroso y difícil de ver que incluso sus compañeros tuvieron que apartar la mirada y cubrirse los ojos. No podían soportar lo que tenían delante. Mientras sacaban a Kevin de la cancha en camilla, él no dejaba de gritar una y otra vez: "*¡Venzan a Duke! ¡Ganen el partido!*". Una entrevistadora se le acercó a un costado y le preguntó: "*¿Crees que alguna vez volverás a jugar baloncesto?*". Kevin la miró y respondió: "*Claro que sí. Por supuesto que volveré a jugar. Esto es solo un pequeño tropiezo antes de una gran remontada*".

Lo que me gusta de esta historia es que nos recuerda que el fracaso nunca es definitivo, y que los tropiezos tampoco lo son cuando los entendemos como parte del camino para volver más fuertes.

El don de las desventajas

Mira una desventaja como un regalo. Ya sé, debo sonar un poco loca, ¿no? Dame un minuto. La sociedad se empeña en recordarnos todo lo que nos falta. Pero cuando aprendemos a reconocer nuestras diferencias como fortalezas naturales, empezamos a vernos de una forma más completa y definida.

Cuando realmente te ves a ti mismo, también puedes ver y conectar con los demás de manera auténtica. Y eso te da la capacidad de valorar a otras personas.

Piensa en esto: ¿y si nuestras mayores desventajas fueran, en realidad, nuestras fortalezas más significativas? Atributos como la sensibilidad o la introversión, que muchas veces se ven como desventajas, pueden ser dones poderosos que nos llevan a una empatía más profunda, más creatividad y un liderazgo más consciente.

Revisar estas cualidades puede transformarlas de debilidades percibidas en fuentes de una fortaleza única. Y eso significa que no solo podemos aprender de quienes han convertido sus luchas en triunfos, sino también de nosotros mismos. Incluso podemos mirar hacia nuestra infancia y rescatar las joyas de aprendizaje que dejaron experiencias que quizá alguna vez reprimimos o dejamos de lado.

Por ejemplo, alguien que de niño tuvo dificultades con la dislexia puede desarrollar habilidades excepcionales para resolver problemas y una gran creatividad para enfrentar los retos de la lectura y la escritura. Lo que antes fue una fuente de frustración o duda puede convertirse, con el tiempo, en una base increíble de innovación y resiliencia en la adultez. Richard Branson, fundador del *Virgin Group*, es un claro ejemplo. En lugar de dejar que la dislexia lo frenara, aprendió a pensar de forma distinta y a simplificar problemas complejos. Su historia nos recuerda con fuerza que aquello que percibimos como debilidad puede transformarse en una ventaja única.

Algo parecido ocurre con la introversión. Una persona que alguna vez se sintió aislada por ser introvertida puede descubrir que esa misma cualidad le permite destacarse en entornos más tranquilos o enfocados, donde se valora el pensamiento profundo y la concentración. Ese fue el caso de J. K. Rowling, autora de la saga *Harry Potter*. Ella misma se ha descrito como una persona profundamente introvertida, y fue justamente esa naturaleza introspectiva la que la ayudó a crear un mundo imaginario que, con el tiempo, la llevó al éxito.

Aceptar nuestras llamadas "desventajas" nos abre la puerta a una versión más auténtica de nosotros mismos. Cuando aprendemos a aceptarlas —e incluso a celebrarlas—, dejamos de verlas como obstáculos. En su lugar, se convierten en una parte esencial de lo que aportamos al mundo. Este cambio de mentalidad puede llevarnos a una mayor autoaceptación y plenitud, porque nos ayuda a alinearnos más con quienes realmente somos y con todo lo que tenemos para ofrecer.

Esto es lo que me gustaría que hicieras: cuando te sorprendas lamentando una limitación o un defecto que crees tener, intenta mirarlo desde otro ángulo. ¿Qué fortalezas podrían esconderse ahí? ¿Cómo podría eso contribuir a tu crecimiento y a tu éxito? Al reevaluar tus desventajas, puedes transformarlas en herramientas poderosas para tu desarrollo personal, profesional e incluso espiritual. No hay vuelta atrás cuando empiezas a verlas así.

Y hay una razón por la que quiero que pongas atención en estas "desventajas": porque, de una forma u otra, ya lo estás haciendo.

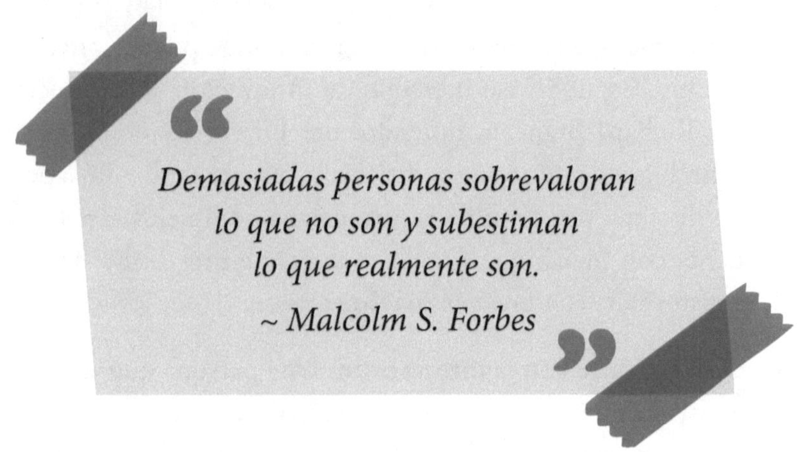

La tendencia de la mente humana a enfocarse en lo negativo —incluidos nuestros defectos y limitaciones— forma parte de un fenómeno bien documentado conocido como el sesgo de negatividad (Vaish, 2008). Y no es casualidad: este sesgo tiene raíces evolutivas muy profundas. Nuestros antepasados necesitaban estar constantemente atentos a posibles amenazas en su entorno para sobrevivir. Si no lograban detectar o reaccionar a peligros como depredadores o personas hostiles, las consecuencias podían ser fatales. Por eso, con el tiempo, el cerebro desarrolló mecanismos para priorizar la información negativa por encima de la positiva.

La neurociencia respalda esto. Diversos estudios han demostrado que la amígdala —la parte del cerebro encargada de procesar las emociones— es más sensible a los estímulos negativos que a los positivos. Esta sensibilidad aumentada nos permite reconocer y responder rápidamente a posibles peligros. En general, los eventos negativos requieren un mayor esfuerzo cognitivo y activan redes neuronales más amplias que los eventos positivos. Como resultado, tendemos a pasar más tiempo pensando y analizando las experiencias negativas, lo que termina reforzando aún más este sesgo.

Para colmo, nuestra sociedad y nuestra cultura suelen poner mucho énfasis en la precaución y en evitar riesgos. Las noticias y la información negativa tienden a ocupar más espacio en los medios porque, simplemente, captan mejor nuestra atención. Como se dice en ese mundo, "las malas noticias venden". El problema es que esta exposición constante refuerza todavía más nuestra tendencia a enfocarnos en lo negativo, alimentando el sesgo de negatividad. En poco tiempo, nuestra mente empieza a llenarse de miedo y de recuerdos negativos, que además solemos recordar con más intensidad y claridad que los positivos. Y esto tampoco es casualidad. El hipocampo —la parte del cerebro involucrada en la formación de recuerdos— trabaja en estrecha colaboración con la amígdala para consolidar las memorias emocionales. (Yavas, 2019)

Si tu cerebro ya tiene una tendencia natural a enfocarse en lo negativo, bien podrías darle a esas "desventajas" el lugar que merecen y reinterpretarlas de una forma que juegue a tu favor. Cuando te animas a abrazar esa parte de ti que has dejado de lado durante tanto tiempo, empiezas a ver algo importante: eres valioso incluso con tus imperfecciones. Y, tal vez, empieces a sentirte valioso no *a pesar* de ellas, sino *gracias* a ellas.

Aprendizaje clave:

Son nuestros dones naturales y nuestro carácter, juntos, los que moldean nuestro éxito en la vida; la forma en que los usamos realmente puede marcar la diferencia. Como vimos en este capítulo, adoptar una mentalidad de crecimiento —en lugar de una mentalidad fija— puede ayudarnos a alcanzar una satisfacción más profunda y duradera.

La pregunta es esta: ¿vas a aprender de tus fracasos y volver aún más fuerte, o vas a quedarte atrapado en viejos patrones de pensamiento, sin poder avanzar? Creo que, en el fondo, ya sabes cuál de esas dos opciones es más gratificante.

Siempre habrá tropiezos. Momentos en los que sientas que el mundo entero está en tu contra o que no eres suficiente. Es justamente ahí cuando puedes recurrir a tu fuerza interior, sostenida por tus valores más profundos. Los fracasos empiezan a transformarse en lecciones, y los obstáculos dejan de ser muros para convertirse en algo que puedes superar. A través de la introspección y la reflexión profunda, puedes crecer como persona mientras abrazas tus dones naturales y la fortaleza de tu carácter. Piénsalo: tu verdadero valor no está en algún lugar afuera. Está acá, dentro de ti.

Sé que los juicios externos pueden ser dañinos, sobre todo cuando parece que todos los demás están avanzando mientras tú no te sientes así. Esas voces pueden adueñarse de nuestro sentido de identidad y reducirnos a una búsqueda constante de validación, como si dependiéramos de ella. Cuando eso ocurre, nos desconectamos de nuestra propia verdad y dejamos que otros definan quiénes somos.

¿Y qué pasa si alguien no encaja con el ideal de perfección que impone la sociedad? Eso no detuvo a personas como Richard Branson; basta con mirar su trayectoria. Es justo decir que muchas personas prosperan **gracias** a sus dificultades, no **a pesar** de ellas. Los tropiezos pueden ayudarnos a adaptarnos, volvernos más resilientes y forjar nuestro propio camino cuando aprendemos a ver cada desafío como una oportunidad de crecimiento. No olvidemos esto: nuestros defectos no son nuestros enemigos; pueden convertirse en nuestros mayores aliados.

Ahora piensa en los desafíos que has enfrentado hasta hoy y en las fortalezas naturales que ya tienes. ¿De qué manera tu mentalidad te ha ayudado a atravesar aguas difíciles? ¿Y en qué momentos, quizá, te ha impedido salir del puerto? Este es el momento de aprovechar los vientos a favor, desplegar las velas y trazar un nuevo rumbo. Cuando confías en ti mismo, puedes avanzar hacia el horizonte que tú eliges, con una confianza y un propósito renovados.

CAPÍTULO 3

LOS DESEOS QUE NOS IMPULSAN

"Eres más poderoso de lo que imaginas;
eres hermoso tal como eres."
— Melissa Etheridge

Todos tenemos necesidades que necesitan ser atendidas. Algunas son propias del camino de cada persona, mientras que otras son universales. Reconocer nuestro valor y entender cómo se conecta con nuestros deseos personales es una de ellas. Al mismo tiempo, todos buscamos amor, seguridad, respeto y propósito; queremos ser escuchados y sentir que importamos, seamos conscientes de ello o no. Y, más allá de esas necesidades en sí, lo verdaderamente importante es la forma en que intentamos satisfacerlas dentro de la historia más amplia de nuestras vidas. Ahí es donde está la clave de la satisfacción.

Tomemos el amor, por ejemplo. Algunos lo encuentran en relaciones románticas; otros, en amistades profundas; y otros, en la pasión por su trabajo o por sus expresiones creativas. La seguridad, en cambio, puede venir de tener un empleo estable, una red social sólida o una convicción espiritual profunda. Todos queremos sentirnos respetados, encontrar un propósito, ser escuchados y saber que importamos. La forma en que satisfacemos esas necesidades influye en el camino que elegimos, y ese camino, a su vez, moldea en quiénes nos convertimos.

Con esto en mente, vale la pena explorar los puntos en común —esas referencias compartidas— que nos hacen verdaderamente humanos, empezando por nuestros valores.

Los valores y su origen

Nuestros valores nacen de nuestros deseos más profundos y de los vacíos que hemos sentido a lo largo de la vida. Piénsalo así: aquello que más valoras suele llenar un vacío que sentiste en algún momento. Por ejemplo, si alguna vez te sentiste ignorado por tus cuidadores o por una pareja, probablemente valores mucho la atención. Si viviste el caos, quizá valores la estabilidad. Esos vacíos del pasado, junto con las virtudes que valoras hoy, son la base de tus valores personales. Pero no basta con reconocerlos. También necesitas construir una visión que esté alineada con ellos, una que guíe tus decisiones y acciones. Estar en sintonía con tus valores es lo que le da a tu vida un sentido de propósito y dirección.

Te voy a poner a Muhammad Ali como ejemplo.

Si no lo sabías, Muhammad Ali, uno de los boxeadores más reconocidos del mundo, nació como Cassius Clay en 1942 y más tarde cambió su nombre tras convertirse al islam. Pero no fue solo un cambio de nombre: fue una transformación total de su identidad. Esta nueva versión de sí mismo se apoyaba en valores como la confianza, la determinación y la excelencia, los cuales abrazó con todo su ser, dejando que moldearan sus pensamientos, acciones y creencias.

Ali, una de las figuras culturales y deportivas más importantes de todos los tiempos, es famoso por decir: *"Soy el más grande."* Dejó que todas sus creencias y convicciones se formaran alrededor de esa nueva identidad. De hecho, más adelante reflexionó sobre esa frase y dijo: *"Dije que era el más grande antes de saber que lo era."* Su creencia en sí mismo era tan fuerte que terminó convirtiendo sus palabras en realidad. En el proceso, se desprendió de su antigua realidad y elevó su nivel de conciencia para dar paso a esa nueva identidad.

Tal vez te preguntes por qué menciono la excelencia, si desde el principio no he hecho más que ir en contra del perfeccionismo. Bueno, hay una diferencia importante entre ambos. El perfeccionismo quiere que seas mejor que los demás; la excelencia quiere que seas mejor que quien fuiste ayer. Por eso, la confianza de Ali en sí mismo no era simple arrogancia ni fanfarronería. Estaba arraigada en esa búsqueda de la excelencia, en años de trabajo duro, entrenamiento y una profunda comprensión de su oficio. Ali entendió que, para alcanzar la grandeza, primero tenía que verse a sí mismo como grande. Eso fue lo que le dio la fuerza para superar los desafíos que enfrentó y demostrar que realmente era *"el más grande"* en el ring.

Para comprender el impacto de nuestros dones, necesitamos desarrollar autoconciencia. Todos tenemos ciertas inclinaciones y talentos. Sí, no son innatos; es decir, no nacemos con ellos, como mencioné hace un momento. Sin embargo, cuando se trabajan de la manera correcta, estos dones pueden impulsarnos con fuerza en la vida y en nuestra carrera. Hacen que lo difícil parezca más fácil y que lo imposible, de pronto, se sienta alcanzable. Pero los dones por sí solos no son suficientes para lograr un éxito duradero. Pueden abrir la primera puerta, pero es el carácter el que abre las demás… y el que las mantiene abiertas.

A partir de esto, crear una visión clara basada en tus valores requiere una honestidad profunda, algo que al principio puede resultar incómodo. Dependiendo de qué tan arraigada esté tu negatividad, puede llevar semanas o incluso meses empezar a pensar de otra manera y alinearte con tus verdaderos valores. Este proceso exige práctica constante y un esfuerzo consciente. Por eso es tan importante explorar no solo qué valoras, sino también por qué lo haces. Cuando logras entenderlo, el siguiente paso es integrar esos valores en tu vida diaria. Y cuando puedes hacerlo, el trabajo se siente increíblemente valioso.

La Dra. Caroline Leaf, una reconocida neurocientífica, ha investigado el cambio mental duradero y la formación de nuevos hábitos. Ella explica que generar un cambio profundo en la forma de pensar toma aproximadamente sesenta y tres días, un proceso que llama *Neurocycle*. Este método consiste en practicar de manera constante nuevos hábitos y patrones de pensamiento, lo que ayuda a reprogramar el cerebro y a hacer que esos cambios se mantengan en el tiempo.

Según la Dra. Leaf, dentro del *Neurocycle* deberíamos practicar nuestro nuevo hábito al menos siete veces al día para que se integre en la mente inconsciente y se vuelva automático.

Para el día veintiuno del ciclo, ya habremos establecido una nueva memoria a largo plazo asociada a ese comportamiento. Con la práctica constante, estos cambios se vuelven cada vez más arraigados. Se trata de una herramienta poderosa para crear hábitos que reflejen nuestros valores, especialmente en procesos de crecimiento personal.

Las investigaciones de la Dra. Leaf sobre la neuroplasticidad muestran que este proceso no solo ayuda a formar nuevos hábitos, sino que también permite identificar las causas profundas de problemas como el agotamiento, la ansiedad y el trauma. Al rastrear estas señales hasta los pensamientos y mentalidades que las originan, podemos interrumpir las redes neuronales que activan respuestas poco saludables. Esto nos permite desarmar patrones antiguos y reconstruirlos de maneras más sanas de funcionar, todo dentro de ciclos de 63 días.

A través de este proceso, podemos replantear nuestra forma de pensar, construir nuevos hábitos y alinear nuestras acciones con nuestros valores de una manera duradera y significativa.

Por ejemplo, si te cuesta lidiar con la culpa cuando practicas el autocuidado, comienza por identificar la creencia que hay detrás, como la idea de que cuidarte es algo egoísta. Cuestiona esa creencia afirmando que el autocuidado es esencial para tu bienestar y que también te permite apoyar mejor a los demás. Durante 63 días, practica esta nueva mentalidad al menos siete veces al día. Para el día 21, habrás creado nuevas memorias a largo plazo y, al final del ciclo, el autocuidado se convertirá en un hábito natural, libre de culpa y alineado con tus valores.

Veamos ahora cómo puedes empezar a definir tus valores.

Ejercicio 3: Definir tus valores

Identificar tus valores esenciales es un paso clave para aceptar quién eres. Cuando los tienes claros, es mucho más fácil alinear tus acciones con ellos. Este ejercicio te ayudará a reconocer qué es lo que de verdad te importa y cómo vivir de acuerdo con esos valores.

Paso 1: Reflexiona sobre tus creencias esenciales

Tómate un momento para pensar en aquello en lo que crees de verdad. Piensa en los principios y estándares que guían tus decisiones y tu forma de actuar. Escribe al menos cinco creencias esenciales que tengas.

Paso 2: Identifica tus valores

Una vez que hayas definido tus creencias esenciales, intenta identificar los valores que surgen de ellas. Cuando hablo de valores, me refiero a las cualidades y estándares que buscas encarnar en tu vida diaria.

Aquí tienes algunos ejemplos para empezar:

- Integridad
- Compasión
- Excelencia
- Honestidad
- Creatividad
- Lealtad
- Respeto
- Valentía

Paso 3: Prioriza tus valores

Una vez que hayas identificado tus valores, es útil darles prioridad. ¿Cuáles son los más importantes para ti y por qué? Ordénalos según su nivel de importancia, comenzando por el que tenga más peso para ti.

Paso 4: Reflexiona sobre cómo vives estos valores

Ahora, piensa en cómo estás viviendo estos valores en tu día a día. ¿Hay áreas en las que podrías mejorar? ¿Hay algún valor que hayas dejado de lado? Tómate un momento para escribir una breve reflexión sobre cómo se manifiesta cada valor en tu vida y en qué aspectos te gustaría hacer cambios.

Paso 5: Establece intenciones

A partir de tus reflexiones, establecer intenciones claras sobre cómo vivir de acuerdo con tus valores puede marcar una gran diferencia. Procura que estas intenciones sean específicas y accionables. Por ejemplo, si uno de tus valores es la compasión, podrías proponerte hacer voluntariado en un refugio local una vez al mes o practicar la escucha activa en tus interacciones diarias.

Paso 6: Crea una declaración de valores

Puedes resumir tus valores e intenciones en una declaración de valores. Esta debe expresar quién eres y qué representas. Funciona como una especie de manifiesto personal al que puedes volver cada vez que necesites recordar cuáles son tus principios fundamentales.

Ejemplo de una declaración de valores:

"Me comprometo a vivir una vida guiada por la integridad, la compasión y la excelencia. Encararé cada situación con honestidad y creatividad, procurando ser leal y respetuoso con quienes me rodean. Afrontaré los desafíos con valentía y mantendré una actitud positiva, sabiendo que mis valores guían mis acciones y decisiones."

Cuando defines tus valores y te alineas con ellos, descubres que puedes satisfacer esos deseos humanos esenciales sin dejarte llevar por ellos. Tus valores funcionan como una guía que te orienta en cada aspecto de tu vida. Puedes encontrar amor sin permitir que relaciones tóxicas te alejen de tu moral, tu fe o tu sentido de identidad. Puedes buscar el éxito sin sacrificar tu integridad y construir amistades profundas basadas en la confianza y el respeto. Tus valores te recuerdan quién eres y pueden guiar tus decisiones, ya sea en tus relaciones, en tu carrera o en tu propio crecimiento personal. En pocas palabras, te ayudan a mantenerte fiel a tu verdadero yo.

La influencia de los recursos

La búsqueda de la felicidad muchas veces puede dejarnos atrapados en la miseria. Resulta irónico, en realidad, que perseguir algo tan alegre termine, tantas veces, trayéndonos dolor. El verdadero problema no está en la felicidad en sí, sino en la expectativa que tenemos sobre ella. El Dalái Lama nos enseña que la felicidad no es algo que simplemente encontramos ya hecho. Más bien, surge de nuestras propias acciones, cuando están alineadas con nuestros valores más profundos. Esta perspectiva nos recuerda con claridad que la verdadera felicidad es algo que construimos desde adentro hacia afuera, a través de las decisiones que tomamos y de la forma en que elegimos vivir nuestra vida. (Lama, 2009)

También habla de la importancia de desarrollar la compasión y la atención plena (*mindfulness*). Tal vez te preguntes qué tienen que ver estos dos aspectos con nuestra felicidad. La compasión implica preocuparte de verdad por el bienestar de los demás, querer ayudarlos cuando atraviesan momentos difíciles y también compartir su alegría. Cuando practicamos la compasión, construimos conexiones positivas con quienes nos rodean, y eso, a su vez, nos hace sentir más felices y realizados. La atención plena (*mindfulness*), por su parte, tiene que ver con estar presentes y experimentar cada momento de manera consciente. Nos ayuda a mantenernos centrados y enfocados, lo que reduce el estrés y nos permite sentirnos más en paz. En lugar de preocuparnos por el mañana, podemos aprender a valorar el presente y experimentar una sensación genuina de satisfacción.

En pocas palabras, el Dalái Lama sugiere que la verdadera felicidad nace de tener conexiones profundas con los demás y de cultivar un sentido de paz interior. Cuando construimos relaciones significativas y tratamos a otros con amabilidad y comprensión, enriquecemos nuestra vida con amor y apoyo. Esto nos da una sensación de pertenencia y seguridad, algo esencial para nuestro bienestar emocional.

Los seres humanos estamos hechos para la conexión y para formar parte de un grupo. Esto se remonta a nuestros primeros días como cazadores-recolectores. En ese entonces, pertenecer a una tribu no era solo algo deseable, sino una cuestión de supervivencia. Vivir en grupos protegía a nuestros antepasados de depredadores y amenazas, y además hacía más eficiente la caza y la recolección de alimentos. Más allá de eso, garantizaba que hubiera suficientes manos para criar a los niños y cuidar a los mayores. Por esa razón, las personas que sabían crear lazos y cooperar con otros tenían más probabilidades de sobrevivir y transmitir sus genes.

Podría decirse que, en esencia, nuestros cerebros están diseñados para la vida social. Sabemos que cuando interactuamos con otras personas, nuestro cerebro libera sustancias químicas como la oxitocina y la dopamina, que nos hacen sentir felices y conectados.

¿Alguna vez te has preguntado por qué pasar tiempo con amigos o seres queridos puede ser tan gratificante? Ahora ya sabes la respuesta. Es como si nuestro cerebro nos diera una "estrella dorada" por ser sociales, lo que confirma que pertenecer a un grupo es fundamental para nuestra salud psicológica. Somos seres sociales, y es bien sabido que el aislamiento puede provocar sentimientos de soledad y depresión (Cacioppo y Patrick, 2008). Nuestra necesidad de interacción social es tan fuerte que el aislamiento prolongado puede hacer que el cerebro lo perciba como dolor físico (Eisenberger, Lieberman y Williams, 2003). Todo esto deja claro lo importante que es, para nuestro bienestar mental, contar con compañía y con un sentido de comunidad.

Por último, tener una tribu nos da un sentido de identidad y pertenencia. Nos ayuda a entender quiénes somos y cuál es nuestro lugar en el mundo, lo que fortalece nuestra autoestima y nuestra salud psicológica en general (Jetten, J., Haslam, C. y Haslam, S. A., 2012). Pertenecer a un grupo nos brinda una red de apoyo en los momentos difíciles y personas con quienes celebrar los buenos tiempos. Curiosamente, todo esto nos da una base sólida para vivir y pensar de forma independiente, porque cuando tenemos raíces fuertes —es decir, sistemas de apoyo—, sentimos menos miedo de desplegar nuestras alas.

Tener un fuerte sentido de identidad significa que no nos sentiremos tan tentados a enfocarnos únicamente en lo material o en los deseos más básicos como fuente de valor. Eso es lo que nos da la estabilidad que necesitamos para vivir una vida plena y gratificante.

En definitiva, todo se reduce a estos motivadores internos y al papel que desempeñan en nuestras necesidades humanas más profundas, en contraste con las motivaciones más comunes. El libro *Drive*, de Daniel Pink, lo ilustra muy bien en el contexto laboral, al mostrar que aquello que realmente nos motiva suele ser un impulso interno que va más allá de las recompensas económicas o el reconocimiento externo (Pink, 2011). Pink explora la autonomía, el dominio y el propósito como los principales motores de la motivación. Sostiene que, cuando encontramos un trabajo que se alinea con nuestros valores y nos da un sentido de propósito, es más probable que nos sintamos comprometidos y satisfechos. Es una idea clave al reflexionar sobre cómo nuestros valores influyen en nuestras acciones y en nuestra satisfacción general con la vida.

Buscar actividades y metas que estén alineadas con nuestro sentido más profundo de propósito, en lugar de limitarnos a perseguir recursos o ganancias materiales, resulta mucho más beneficioso para nuestro sentido general de valor y felicidad. Este enfoque nos ayuda a construir un sistema de creencias y una forma de ver el mundo que nos acerca a reconocer el valor que ya tenemos.

Sistemas de creencias y visiones del mundo

Los sistemas de creencias y las visiones del mundo son como los lentes que usamos: moldean la forma en que vemos la realidad e influyen en cómo entendemos nuestro propio valor. Incluyen creencias religiosas, normas culturales y filosofías personales, y todos ellos afectan la manera en que nos vemos a nosotros mismos y a los demás. Cuando hablamos de valor, es importante reconocer cómo estos sistemas influyen en nuestro sentido de valía y en nuestros deseos humanos más profundos. Volvamos a esto por un momento —ya lo mencionamos brevemente antes en el capítulo—. Todos tenemos deseos fundamentales como el amor, la seguridad, el respeto, el propósito, el ser escuchados y el sentir que importamos. Estos deseos son universales y atraviesan culturas y sistemas de creencias. Sin embargo, la forma en que buscamos satisfacerlos puede variar mucho según nuestras creencias y nuestra manera de ver el mundo.

El amor es un buen ejemplo. En muchas culturas y religiones, se lo considera una virtud fundamental. El cristianismo pone el acento en el agapé, o amor incondicional, que conecta con nuestro profundo deseo de relaciones significativas. Por su parte, algunas filosofías orientales se centran en el amor universal y la compasión hacia todos los seres. A pesar de estas diferencias, la necesidad humana básica de amar y sentir conexión es la misma.

Cuando se trata de seguridad, los diferentes sistemas de creencias ofrecen distintas maneras de sentirnos a salvo. Muchas religiones prometen seguridad espiritual y protección, lo que puede brindar consuelo y paz mental. En un nivel más secular, las normas culturales y las estructuras sociales proporcionan seguridad a través de las leyes, los sistemas sociales y el apoyo comunitario. Esa sensación de seguridad es vital para nuestro bienestar.

Cuando se trata de la seguridad, los distintos sistemas de creencias ofrecen diferentes formas de sentirnos a salvo. Muchas religiones prometen seguridad espiritual y protección, lo que puede traer consuelo y paz mental. En un plano más secular, las normas culturales y las estructuras sociales brindan seguridad a través de leyes, sistemas sociales y apoyo comunitario. Esta sensación de seguridad es fundamental para nuestro bienestar.

Entonces tenemos el respeto, otro deseo universal que se manifiesta de distintas maneras según la visión del mundo de cada persona. En algunas culturas, el respeto está estrechamente ligado a la familia y a las jerarquías sociales, mientras que en otras se gana a través de la integridad personal. Independientemente del contexto cultural, todos queremos sentirnos respetados y valorados. Sin embargo, más que desear que otros nos respeten y nos valoren, lo que realmente anhelamos es poder sentir esas cosas hacia nosotros mismos.

Al final, los sistemas de creencias suelen darnos un sentido de propósito al ofrecernos narrativas y metas que se alinean con nuestros valores. Muchas doctrinas religiosas trazan caminos hacia la realización personal a través del servicio, la devoción o la iluminación. De manera similar, las filosofías seculares y los caminos espirituales ponen énfasis en el crecimiento personal, en contribuir a la sociedad o en buscar conocimiento como una forma de encontrar propósito. No importa cómo encontremos nuestro sentido de propósito; este nos ofrece la confianza necesaria para descansar en el proceso —sin desesperarnos mientras esperamos, como veremos más adelante— y nos permite encontrar significado en nuestras vidas sin tener que estar siempre ocupados o siendo productivos.

Todo esto está arraigado en nuestro deseo de ser escuchados y de sentir que importamos. Sin embargo, antes de buscar reconocimiento en los demás, necesitamos aprender a escucharnos y valorarnos a nosotros mismos. La vida no se trata de validación externa ni de alcanzar metas finales. Como dice el viejo refrán, la búsqueda del Santo Grial es mucho más importante que el Grial en sí. Es el camino el que nos moldea: las creencias, las perspectivas y las experiencias que vamos adquiriendo son las que realmente cuentan.

Al reajustar estos pasos iniciales, podemos reconectarnos con nuestro verdadero carácter y, en consecuencia, con nuestro verdadero valor.

Aprendizaje clave:

Vivir una vida plena comienza por alinear nuestras acciones con nuestros valores fundamentales. Se trata de desarrollar autoconciencia y de practicar la atención plena y la compasión para mantenernos conectados con quienes realmente somos. En lugar de buscar la perfección, el enfoque está en ser un poco mejores que ayer. Construir nuevos hábitos y cuestionar creencias negativas lleva tiempo, pero con práctica constante es posible crecer y convertirnos en la mejor versión de nosotros mismos.

Aunque el amor, la seguridad, el respeto y el propósito son necesidades universales, la forma en que las buscamos suele estar influida por nuestras creencias y por la sociedad en la que vivimos. El aprendizaje clave aquí es que la verdadera felicidad no proviene de la validación externa, sino que nace desde adentro.

Cuando conectamos con nuestros valores fundamentales y dejamos que sean ellos los que nos guíen —en lugar de enfocarnos solo en la meta final—, nuestro sentido de valor personal se alinea de manera natural con nuestro yo auténtico.

CAPÍTULO 4

CARÁCTER Y DONES

"Eres lo que haces, no lo que dices que harás."
— Carl Jung

Imagina esto: tienes un don increíble para algo que se te da naturalmente. Podría ser pintar, programar, escribir o hablar en público. Ese don te abre puertas, crea oportunidades e incluso te pone en el centro de atención. Suena genial, ¿verdad? Claro que sí… pero aquí viene el problema: si tu carácter no está a la altura de tus talentos, las cosas pueden empezar a desmoronarse bastante rápido. Tus dones pueden impulsarte hasta la estratósfera, pero es tu carácter el que te mantiene allí (o no).

Entonces, ¿qué es exactamente el carácter?

Piensa en el carácter como los cimientos de una casa y en tus dones como la estructura. Sin una base sólida, por muy hermosa que sea la casa, puede derrumbarse bajo presión. Tu carácter es la energía que queda cuando sales de una habitación. Es el conjunto de cualidades mentales y morales que definen quién eres, incluso cuando nadie te está mirando. Es la fuerza que guía tus acciones y decisiones, y que moldea la forma en que respondes a las distintas situaciones de la vida.

Más que eso, tu carácter se sostiene en la integridad, la honestidad, el valor y el compromiso de hacer lo correcto, incluso cuando es difícil. Lo hermoso del carácter es que, al igual que el talento, no es algo con lo que naces, sino algo que se desarrolla con el tiempo. Cada elección que haces, cada acción que tomas, la forma en que tratas a los demás y cómo te presentas ante el mundo, van formando tu carácter. Si eliges ser honesto de manera constante (aunque sea incómodo), construirás una reputación de confianza. Y cuando actúas con bondad y empatía, desarrollas un carácter compasivo.

En ese sentido, el carácter es como un músculo. Cuanto más lo ejercitas tomando buenas decisiones, más fuerte se vuelve. Pero entonces… ¿cómo se relaciona esto con los dones naturales?

Los dones naturales y su impacto

Para entender el impacto de nuestros dones, primero necesitamos desarrollar autoconciencia. Todos tenemos ciertas inclinaciones y talentos. Y sí, no son innatos —no nacemos con ellos, como mencioné hace un momento—. Sin embargo, estos dones pueden impulsarnos con fuerza en la vida y en nuestra carrera cuando los desarrollamos correctamente. Hacen que lo difícil parezca fácil y que lo imposible de repente parezca alcanzable. Pero los dones por sí solos no son suficientes para lograr un éxito duradero. Pueden llevarnos al primer nivel, pero es el carácter lo que nos eleva aún más y nos mantiene allí.

Tomemos como ejemplo a Michael Jordan, considerado uno de los mejores jugadores de baloncesto de todos los tiempos. Jordan sin duda tenía un talento natural y una habilidad atlética impresionante. Sin embargo, no fue solo ese talento bruto lo que lo hizo destacar, sino su incansable ética de trabajo y su determinación por mejorar. De hecho, Jordan no logró entrar al equipo de baloncesto de su escuela secundaria en su primer intento, pero en lugar de rendirse, usó ese revés como combustible para esforzarse aún más. Practicaba sin descanso, siempre exigiéndose más para mejorar sus habilidades, tanto dentro como fuera de la cancha.

El éxito de Michael Jordan no se debió solo a sus dones naturales, sino también a su mentalidad y a su compromiso con crecer de forma constante. Reconocía que el talento por sí solo no lo llevaría a la cima; hacían falta disciplina, resiliencia y la disposición de hacer el trabajo, incluso cuando parecía que todo estaba en su contra.

Esa mentalidad —una que abraza el esfuerzo, el crecimiento y la perseverancia— es la que nos permite superar los desafíos. Ya sea que enfrentemos obstáculos personales, bloqueos profesionales o críticas, es nuestro carácter el que nos sostiene. Es la forma en que respondemos ante la adversidad, y el compromiso que tenemos con nuestras metas a largo plazo, lo que realmente define nuestro éxito.

Alcanzar el éxito es importante, claro, pero mantenerlo lo es aún más; y ahí es donde entran en juego la disciplina y la constancia. Michael Jordan dijo una vez: *"He fallado una y otra y otra vez en mi vida, y por eso tengo éxito."* El talento puede abrirte la primera puerta, pero es tu carácter —formado por el trabajo duro y una mentalidad orientada al crecimiento— el que hace que sigas adelante.

Mientras que la historia de Jordan muestra cómo la resiliencia y la ética de trabajo pueden convertir los dones naturales en éxito duradero, la trayectoria del golfista Tiger Woods ofrece una lección de advertencia sobre lo que puede suceder cuando el carácter no está alineado con el talento.

Tiger Woods es un golfista con un talento extraordinario que se convirtió en campeón mundial a los 21 años. Esa victoria marcó el inicio de su dominio en el deporte: ganó un total de 15 campeonatos mayores y pasó un récord de 683 semanas como el golfista número uno del mundo. Pero cuando su vida personal empezó a desmoronarse debido a problemas en su matrimonio, su carrera en el golf cayó en picada. A pesar de haber roto barreras en un deporte tradicionalmente dominado por personas blancas, su participación en un escándalo público en 2009 —que incluyó un accidente automovilístico y la revelación de múltiples infidelidades— terminó por destrozar su imagen.

Su confesión de infidelidad y su posterior caída en desgracia contrastaron fuertemente con la imagen pública perfecta que alguna vez tuvo.

La pérdida de patrocinadores, un costoso divorcio y una serie de lesiones parecían marcar el final de su carrera. Pero en 2019, Woods logró un regreso impresionante, ganando The Masters y recuperando el apoyo de muchos fanáticos que admiraban su determinación para dejar atrás los errores del pasado. Su historia de redención refuerza una lección clave: el talento, por sí solo, solo puede llevarnos hasta cierto punto. Es el carácter el que nos sostiene en medio de los desafíos y nos permite crecer a partir de nuestros fracasos.

Éxitos y fracasos basados en el carácter

¿Cómo puedes saber si estás confiando demasiado en tus talentos naturales o si realmente estás cultivando el crecimiento a través del esfuerzo constante, mientras te mantienes alineado con tus valores? Aquí es donde entra en juego la autoconciencia. Se trata de evaluar con honestidad si tu dependencia del talento te ha llevado a pasar por alto la importancia del carácter y del trabajo duro, o si estás desarrollando activamente ambos aspectos de ti mismo.

La autoconciencia implica estar en sintonía contigo mismo y entender de verdad por qué piensas, sientes y actúas como lo haces. Requiere valentía mirar con honestidad quién eres, qué te motiva y cómo tus acciones reflejan tus verdaderos valores. Pero la autoconciencia también te permite verte con claridad, para que puedas tomar decisiones alineadas con la forma en que quieres presentarte ante el mundo.

¿Estás usando tus habilidades naturales como excusa para ir por lo fácil? ¿O estás trabajando activamente en desarrollar tu carácter y tu mentalidad, incluso cuando se siente incómodo? Estas son buenas preguntas que requieren reflexión honesta, retroalimentación de personas en las que confías, autoevaluación y metas claras e intencionales.

Desglosemos todo esto con algunas preguntas para reflexionar:

1. Reacción honesta

Cuando te detienes y observas tus pensamientos, sentimientos y reacciones, empiezas a ganar claridad. Pregúntate:

- ¿Dependo demasiado de mis talentos naturales cuando las cosas se ponen difíciles?
- ¿Evito el trabajo duro porque sé que puedo salir adelante solo con mis habilidades?
- ¿Por qué reacciono mal cuando siento que no doy la talla?

Puede que estas preguntas te resulten un poco incómodas, pero como señala la psicóloga Tasha Eurich (2018), solo entre el 10 y el 15 % de las personas son realmente conscientes de sí mismas. Y es solo cuando profundizas en tus motivaciones y acciones que realmente puedes crecer y aprender.

2. Retroalimentación de los demás

Todos necesitamos la retroalimentación de los demás para volvernos más conscientes de nosotros mismos. Piensa en ello como un regalo, incluso si a veces se siente incómodo. Habla con tus amigos, colegas o mentores, y pregúntales:

- ¿Crees que voy demasiado a lo seguro o que confío demasiado en mis fortalezas?
- ¿Cómo crees que podría mejorar?
- ¿Estoy presente cuando las cosas se ponen difíciles?

La retroalimentación genuina puede doler un poco, pero te ayudará a desarrollar una mayor autoconciencia. Y cuando aprendes, creces.

3. Diario y autoevaluación

Escribir en un diario es una excelente manera de desarrollar autoconciencia, porque te permite expresar con claridad tus experiencias, pensamientos y sentimientos. Incluso puede ayudarte a ordenar ideas, reducir el estrés y simplemente sentirte mejor.

Algunas preguntas que puedes usar para escribir en tu diario son:

- ¿Qué logré hoy y cuánto influyeron mi carácter o mi talento en eso?
- ¿Qué desafíos enfrenté hoy que me hicieron prestar más atención a mis respuestas?
- ¿Qué hice hoy que reflejó mis valores?

Escribir en un diario es una especie de diálogo interno contigo mismo, que te permite identificar patrones, tanto positivos como negativos, en tu comportamiento. Y, a partir de ahí, se vuelve mucho más fácil ver en qué necesitas mejorar.

4. Establecer metas de crecimiento con intención

El crecimiento no ocurre por accidente; si realmente quieres lograr algo, necesitas establecer metas. Deben ser metas concretas y específicas, no sueños imposibles que probablemente nunca se materialicen.

Por ejemplo:

- Ponte como meta reunirte con amigos o familiares al menos una vez por semana, incluso cuando sientas que no tienes tiempo.
- La próxima vez que tengas una conversación, intenta escuchar con más atención a la otra persona y resiste el impulso de reaccionar. Solo escucha.
- Establece una meta que esté alineada con tus valores fundamentales, aunque pueda ser incómoda o impopular.

Cuanto más practiquemos este tipo de autoconciencia, más construiremos una vida que refleje quién realmente queremos ser. No se trata solo de reconocer nuestras fortalezas, sino también de entender las cualidades más profundas que moldean la manera en que vivimos e interactuamos con el mundo que nos rodea.

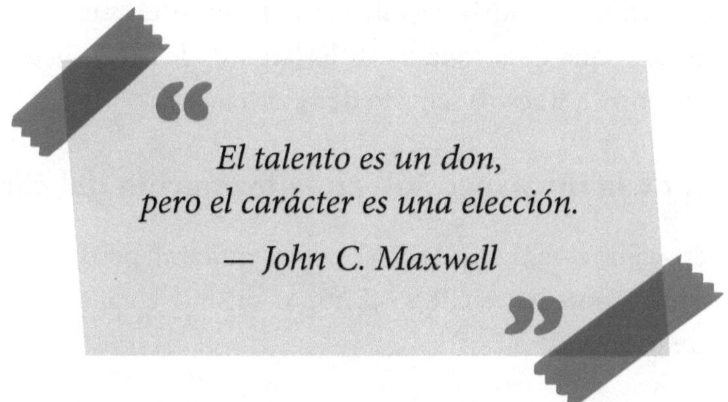

Esto nos lleva a una distinción importante que nos ayuda a avanzar en nuestro crecimiento: el carácter. En esencia, el carácter se construye a partir de virtudes que se desarrollan con el tiempo. En *The Road to Character*, el columnista del New York Times y autor David Brooks habla de dos tipos de virtudes.

Primero, están las "virtudes del currículum". Son las habilidades y logros que mostramos al mundo: aquellas cosas que nos consiguen empleos y ascensos. Piensa en cualidades como la ambición, la productividad o el éxito profesional; todas son importantes y nos ayudan a progresar en nuestras carreras. Pero, como dice Brooks, no son las que realmente definen la riqueza de la vida de una persona. (Brooks, 2016)

Luego están las "virtudes del elogio fúnebre". Son las cualidades que la gente recuerda y menciona cuando ya no estamos aquí. Incluyen la bondad, el valor, la honestidad y la lealtad. Estas virtudes reflejan nuestro carácter interior y la forma en que tratamos a los demás. Brooks cree que son estas las que realmente definen quiénes somos y el legado que dejamos.

Alguien conocido por su bondad puede haber construido relaciones significativas y creado un ambiente tan positivo que esa bondad se recuerde mucho después de que los logros profesionales hayan sido olvidados. El valor es una cualidad que permite a las personas defender lo que es correcto. La honestidad construye confianza y respeto en todas las relaciones. Podría seguir, pero el punto es este: el carácter —esas virtudes que desarrollamos a lo largo de los años— es lo que realmente aporta a nuestro sentido de valor personal.

El papel de la introspección en la formación del carácter

Puedes engañar a tantas personas como quieras, pero tu carácter determinará cómo te sientes contigo mismo cuando el telón finalmente cae.

El problema de los últimos años es que la sociedad se ha enfocado demasiado en las virtudes del currículum, esa instrumentalización de la que hablé en la introducción. Inevitablemente, esto nos lleva a una sensación superficial de valor, donde nuestro mérito se mide por nuestros títulos laborales y logros. Pero la verdadera plenitud proviene de desarrollar las virtudes del elogio fúnebre, esas cualidades que hacen que nuestras vidas sean más ricas y significativas.

Este no es un dilema nuevo. Muchos grandes pensadores del pasado han debatido sobre la naturaleza del carácter, las virtudes y la moral desde tiempos antiguos. Destacaron la importancia de la virtud interior y de una vida construida sobre la integridad más que sobre los logros. Desde Aristóteles hasta Confucio, Jesús y Buda, la búsqueda de la virtud moral e intelectual siempre se ha considerado la clave para la verdadera felicidad.

Rastros de esa sabiduría antigua aún pueden encontrarse hoy en las soleadas laderas del monte Parnaso, en el centro de Grecia. En los muros del Templo de Apolo en Delfos —el ombligo del mundo— está inscrita la frase: "Conócete a ti mismo". Sócrates se refirió a esta idea en la Apología de Platón, afirmando que es la única forma de vivir una vida plena. El concepto de autoconciencia implica centrarse en nuestro crecimiento interior, en lugar de buscar logros externos, y es una tendencia que aún encontramos hoy en el ámbito del desarrollo personal.

De hecho, la mayoría de las filosofías de la Nueva Era y las escuelas de autoayuda se basan en estas ideas antiguas. Conceptos como la inteligencia emocional, la atención plena (*mindfulness*) y el "descubrir tu verdadero yo" tienen sus raíces en principios clásicos, recordándonos que el verdadero éxito no se trata solo de lo que *hacemos*, sino también de quiénes nos *convertimos*.

Entonces, ¿cómo puedes desarrollar estas virtudes? Puedes comenzar mirando hacia adentro y reflexionando sobre tus valores y acciones. Empieza haciéndote algunas preguntas:

1. ¿Cuándo me he sentido más orgulloso de mí mismo y qué valores se reflejaron en esos momentos?

2. ¿Cómo trato a los demás cuando nadie me ve, y qué dice eso sobre mi carácter?

3. ¿Qué decisiones difíciles he tomado que me exigieron actuar en contra de mis propios intereses inmediatos, por un bien mayor?

Cuando tengas las respuestas, te guiarán hacia las virtudes que estás desarrollando, las cuales están profundamente conectadas con tus valores. A partir de ahí, podrás empezar a alinearlas con tus dones. Pero antes de eso, es importante tener claro cuáles son esos dones.

Ejercicio 4: Explorando tus dones naturales

Objetivo: Identificar y comprender tus dones naturales para que puedas aprovecharlos más en tu vida personal y profesional.

Guía paso a paso:

1. Reflexiona sobre tus intereses de la infancia

- Dedica unos minutos a pensar en tu niñez. ¿Qué actividades te llamaban la atención de forma natural? Anota recuerdos de lo que te encantaba hacer y de aquello que te apasionaba cuando eras niño.

2. Identifica actividades que te hagan perder la noción del tiempo

- Piensa en el presente. ¿Qué actividades te absorben tanto que pierdes la noción del tiempo? Haz una lista y reflexiona sobre por qué te enganchan tanto.

3. Pide retroalimentación a los demás

- Pídele a tres personas que te conozcan bien —amigos, familiares o colegas— que compartan qué creen que son tus fortalezas y tus dones naturales. Anota sus respuestas y busca temas o patrones en común.

4. Observa qué se te da con facilidad

- Reflexiona sobre las tareas o actividades que se te dan bien de forma natural, pero que podrían resultar difíciles para otros. Haz una lista y piensa qué habilidades o talentos están involucrados.

5. Explora tus pasiones y pasatiempos

- Piensa en tus pasiones y pasatiempos actuales. ¿Qué te encanta hacer en tu tiempo libre? Anota esas actividades e identifica qué habilidades o talentos requieren.

6. Realiza una evaluación de habilidades y fortalezas

- Considera hacer una evaluación formal para identificar tus habilidades y fortalezas. Herramientas como CliftonStrengths o la Encuesta VIA de Fortalezas del Carácter pueden ofrecerte información valiosa sobre tus dones naturales. Resume los resultados y reflexiona sobre cómo se alinean con lo que descubriste en los pasos anteriores.

A largo plazo, tus dones solo seguirán sirviéndote si cultivas un carácter fuerte. Tus talentos son las herramientas que usas, pero el carácter es la caja donde las guardas. Entonces, ¿cómo puedes nutrir tu carácter?

Primero, hablemos de la inteligencia emocional (EQ). Seguramente has oído hablar del IQ, que mide qué tan inteligente eres, pero el EQ es igual de importante. Se trata de entender y manejar tus propias emociones, así como de saber leer y responder a las emociones de los demás. Imagina que llegas a casa después de un día estresante y tu pareja empieza a contarte sus propios problemas. Sin inteligencia emocional, podrías reaccionar con molestia o cerrarte en la frustración. Pero si eres emocionalmente inteligente, harás una pausa, escucharás y ofrecerás empatía. Al desarrollar esta conciencia emocional, puedes manejar situaciones difíciles sin dejar que escalen.

Otra forma de nutrir tu carácter es a través de la resiliencia. La vida está llena de altibajos y las cosas no siempre saldrán como esperas. Los desafíos, las decepciones y los fracasos son parte de la experiencia humana. Pero la resiliencia no se trata solo de "*reponerse*" en el sentido tradicional; también implica adaptarse, aprender y crecer a partir de cada experiencia. Cuando algo sale mal, las personas resilientes no dejan que eso las defina. En cambio, ven los obstáculos como oportunidades para crecer y desarrollarse.

Por ejemplo, piensa en una vez en la que enfrentaste un desafío importante —tal vez un proyecto no salió como lo planeabas, o una situación personal te tomó por sorpresa—. ¿Cómo lo manejaste? ¿Te rendiste, o encontraste la manera de aprender de lo ocurrido y seguir adelante? La resiliencia muchas veces tiene que ver con mantener una mentalidad positiva, incluso cuando las circunstancias son difíciles. Es saber que, aunque no puedas controlar cada resultado, sí puedes controlar cómo respondes. Y cada vez que te levantas después de una caída, fortaleces tu músculo de la resiliencia, haciéndote más fuerte y más capaz de enfrentar lo que la vida te presente.

También es fundamental buscar retroalimentación, aunque pueda resultar incómodo. A veces no nos damos cuenta de cómo nuestras acciones afectan a quienes nos rodean hasta que alguien nos lo señala. Tuve una experiencia reciente con un amigo. Estaba tan concentrado en el trabajo que no noté que estaba dominando nuestras conversaciones, dejando poco espacio para que él compartiera lo que estaba pasando en su vida. Cuando me dijo cómo lo hacía sentir, fue revelador. No fue fácil escuchar esa retroalimentación, pero me ayudó a crecer. Cuando invitamos a otros a compartir su perspectiva, eso puede ayudarnos a ser más conscientes de cómo nos mostramos ante los demás y a ajustar el rumbo cuando no estamos dando lo mejor de nosotros.

Hacer lo correcto, incluso cuando nadie te está viendo, es una parte esencial de construir un carácter fuerte. La integridad consiste en tomar decisiones que estén alineadas con nuestros valores, sin importar el resultado o el reconocimiento. Por ejemplo, piensa en Keanu Reeves. Es conocido por su humildad, y lo demostró en gran medida durante la trilogía de *The Matrix*. Después del éxito de la película, aceptó una reducción importante de su salario para que el equipo técnico pudiera recibir una mejor compensación. No lo hizo por publicidad; lo hizo porque sintió que era lo correcto. La integridad tal vez no siempre te ponga en el centro de atención, pero construye una reputación que perdura.

Finalmente, ayudar a los demás es una de las formas más poderosas de nutrir el carácter. No tiene que ser con grandes gestos; incluso los pequeños actos de bondad pueden generar un gran impacto. Cuando damos a los demás —ya sea a través de nuestro tiempo, conocimiento o simplemente nuestra presencia—, fortalecemos no solo nuestro propio carácter, sino también el de la comunidad que nos rodea.

Desarrollar una mayor inteligencia emocional, resiliencia, integridad y bondad son cualidades que fortalecen tu carácter y te sostendrán a lo largo de los altibajos de la vida. Y a medida que creces en estas áreas, tus talentos brillarán aún más, con una base sólida que los mantendrá firmes.

Aprendizaje clave:

Cuando comprendes mejor tus dones naturales, empiezas a conectar los puntos. ¿Crees que tu éxito —o incluso tus tropiezos— podrían estar relacionados con la forma en que usas tus dones? ¿Piensas que podrías haber logrado más si hubieras aprovechado mejor tus talentos? Si es así, tal vez haya algo relacionado con el carácter que te esté frenando a la hora de alcanzar tu máximo potencial. Y eso también podría estar afectando tu sentido de valía personal.

Al combinar tus dones naturales con un carácter fuerte, puedes crear algo verdaderamente valioso. Como un artesano experto que se ocupa de cuidar y mantener sus herramientas en buen estado, nutrir tanto tus dones como tu carácter es clave para construir una vida plena y con propósito.

CAPÍTULO 5

LIBÉRATE DEL MIEDO

"No hay ilusión más grande que el miedo."
— Lao Tzu

Son las 3 a. m. y tu mente no para. El sueño es un verdadero artista del escape. Te quedas con los ojos bien abiertos, mirando la oscuridad, y ahí es cuando aparece la preocupación. ¡Maldita sea! Dijiste algo inapropiado hoy; olvidaste enviar ese correo importante; no sabes si vas a poder cubrir tus gastos este mes. Mientras la noche se convierte en amanecer, das vueltas en la cama sabiendo que mañana te espera el cansancio. Cuanto más te preocupas, menos duermes. Y entonces la ansiedad aparece incluso antes de que te levantes. Entra por la puerta, empieza a mover los muebles y termina instalándose en tu sofá.

No sé tú, pero cuando la ansiedad y la preocupación aparecen, se adueñan por completo de mi mente, mi cuerpo y mi estado de ánimo.

En cuanto a la adicción, muchas veces es el lugar al que recurrimos cuando queremos silenciar el ruido interno y adormecer nuestros pensamientos y emociones. Ya sea deslizando el dedo por el celular, comprando, comiendo, bebiendo, apostando o teniendo sexo, hay muchas formas de evitar el malestar.

Tal vez atribuyas la ansiedad, la preocupación y la adicción a tu tipo de personalidad, o las veas simplemente como hábitos incómodos. Pero te aseguro que hay mucho más pasando debajo de la superficie.

La ansiedad, la preocupación y la adicción tienen mucho que ver con cuánto creemos que valemos, con cómo percibimos nuestro propio valor. Verás, cuando no creemos que somos lo suficientemente buenos, estos comportamientos aparecen y se instalan, convirtiéndose en huéspedes no deseados de los que parece imposible deshacerse. Pero ¿y si pudiéramos romper ese ciclo? ¿Y si viéramos la ansiedad y la adicción por lo que realmente son: no fuerzas incontrolables, sino respuestas al dolor que sí podemos cambiar?

Reescribamos la historia y aprendamos a expulsar de nuestra vida a estos compañeros de cuarto destructivos.

Comprender las raíces de la ansiedad

¿Por qué pasa que, cuando la vida nos lanza una dificultad, no solo nos estresamos, sino que además empezamos a culparnos? *¿Habré hecho algo mal? ¿Fue mi culpa? ¿Metí la pata?* Estos pensamientos no aparecen de la nada: los recibimos con los brazos abiertos y hasta les damos un micrófono.

En realidad, la ansiedad no tiene que ver solo con situaciones estresantes, aunque muchas veces sean el detonante. La mayoría de las veces, la raíz está en creencias que llevamos arrastrando desde hace mucho tiempo sobre nosotros mismos: *No soy lo suficientemente bueno. El problema soy yo*. En cuanto algo empieza a salir mal, dejamos que la ansiedad tome el control y transforme el estrés en un círculo vicioso de pensamientos repetitivos, culpa y agotamiento emocional.

Pero hay más. La baja autoestima también está profundamente ligada a la ansiedad crónica. Cuando no sentimos que somos "suficientes", vivimos en un estado constante de hipervigilancia que se reproduce en nuestra mente. Es como si estuviéramos siempre esperando el momento en que diremos algo incorrecto, decepcionaremos a alguien o no lograremos una meta. ¿Cuántas veces te has preguntado: *¿Dije algo tonto? ¿Habré incomodado a alguien? ¿Tomé la decisión equivocada?*

Sé que sabes lo agotador que puede ser este tipo de sobreanálisis ansioso. Si te identificas con esto, también sabes lo difícil que es romper ese hábito cuando llevas mucho tiempo en ese modo. Empieza a decirte que tu valor es condicional: depende de qué tan bien rindas, de cuánto complazcas a los demás o de cuántos errores cometas. En pocas palabras, pusiste la vara demasiado alta, tan alta que resulta imposible alcanzarla. ¿El peor escenario? Fracasas. Y esa idea es aterradora, porque confirmaría lo que en el fondo ya crees sobre ti desde el principio: *no eres capaz. Qué decepción.*

La ansiedad afecta a personas de todos los ámbitos de la vida, desde quienes están en la cima hasta la gente común. Cuando una figura pública habla abiertamente de su ansiedad, el problema se vuelve aún más visible y nos recuerda que se trata de una respuesta profundamente humana. En el mundo del deporte hay muchos ejemplos de atletas que luchan con la ansiedad, y Naomi Osaka es uno de ellos.

Cuatro veces campeona de Grand Slam, Osaka ha hablado con franqueza sobre lo abrumador que puede ser vivir bajo la intensa presión del juego y del escrutinio público. Esto la llevó a retirarse del Abierto de Francia en 2021 por razones de salud mental. Su decisión de priorizar su bienestar abrió una conversación global sobre la salud mental en el deporte, especialmente en el caso de los atletas afrodescendientes.

Las investigaciones respaldan la idea de que la baja autoestima y la ansiedad van de la mano. Un estudio significativo mostró que la baja autoestima no solo *acompaña* a la ansiedad, sino que la causa (Sowislo y Orth, 2013). Piensa en la baja autoestima como un factor de vulnerabilidad: cuando te ves a ti mismo como alguien sin valor, es mucho más probable que mires la vida a través de un filtro negativo. Cuando aparecen dificultades —como inevitablemente sucede—, tiendes a interpretarlas como una confirmación de tus peores miedos. Un problema de pareja, un tropiezo profesional o una dificultad financiera conducen a la misma conclusión: no soy suficiente, no valgo la pena. No es de extrañar que esta mentalidad negativa te haga sentir ansiedad y que, si se mantiene, termine alimentando aún más ansiedad y otros problemas de salud mental. Es un desgaste lento que comienza cuando tomas ese camino, porque los sentimientos persistentes de baja autoestima terminan afectando toda tu forma de ver la vida.

¿Y cómo solemos manejar estos sentimientos de ansiedad? Pensando de más cada movimiento, controlando en exceso nuestras acciones y tratando de evitar el rechazo, la vergüenza o la desaprobación. Es un desgaste constante que nos deja agotados incluso antes de empezar. No quieres vivir así. Y por eso es momento de enfrentar estos temas.

Dejemos algo claro: no necesitas demostrar tu valor a nadie. Está en tus manos replantear tus patrones de pensamiento negativos y expulsar la ansiedad de tu vida de una vez por todas. No tienes que ganarte tu valor. ¡Ya lo tienes!

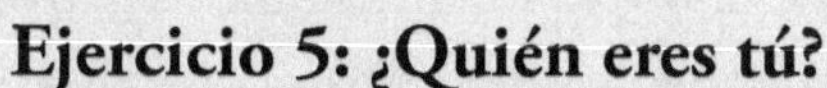

Ejercicio 5: ¿Quién eres tú?

Tómate un momento para reflexionar sobre estas preguntas. Pueden cambiar la forma en que te ves a ti mismo:

1. Cómo mides tu valor personal

¿Cómo mides tu propio valor? ¿Se basa en lo que otros dicen de ti o en cómo crees que te perciben?

2. La trampa del "debería"

¿Te descubres a menudo diciéndote que deberías ser mejor en algo o que deberías actuar de otra manera?

3. Desafiando a tu crítico interior

Anota algunas de las cosas que te dice tu crítico interior. ¿Le dirías esas mismas cosas a un amigo?

4. Replantear los errores

¿Cuándo fue la última vez que tuviste miedo de fallar? ¿Cómo podrías ver esa experiencia como una oportunidad de crecimiento personal?

5. Autocompasión

¿Con qué frecuencia practicas la autocompasión? Intenta escribirte una nota reconfortante, libre de juicios y críticas.

Normalmente, cuando sentimos ansiedad, nos parece que es incontrolable. Después de todo, suele aparecer de la nada, incluso cuando creemos estar tranquilos y en calma. Esto sucede porque la ansiedad es una respuesta muy sofisticada que nuestro cerebro ha desarrollado a lo largo de miles de años para mantenernos a salvo. Es el mismo miedo al tigre dientes de sable, aunque esos ya no existan. El problema es que no es tan fácil desactivar un instinto de supervivencia tan primitivo. El sistema de seguridad del cerebro puede entrar en sobrecarga y mantenernos en estado de alerta constante, incluso cuando no hay un peligro real o inmediato.

¿Por qué pasa esto? Piensa en un equipo de respuesta de emergencia altamente entrenado, con la amígdala al volante. Esta parte del cerebro procesa las emociones y activa la alarma cada vez que percibe una amenaza, un poco como un detector de humo. A lo largo de miles de años de evolución, la amígdala se ha especializado en detectar peligros, incluso los que solo parecen serlo. Cuando lo hace, envía señales al eje HPA (eje hipotalámico-hipofisario-suprarrenal), que libera hormonas del estrés como el cortisol y la adrenalina (Ressler y Mayberg, 2018). En ese momento entramos en modo de "lucha o huida", listos para reaccionar ante el peligro que creemos estar enfrentando.

El problema es que esta reacción muchas veces no es necesaria (no hay tigres dientes de sable rondando hoy en día), así que terminamos reaccionando ante situaciones que no son realmente peligrosas. Por ejemplo, hablar en público o rendir un examen importante no pone tu vida en riesgo, pero aun así puede hacer que tu corazón se acelere y sientas mareo. La ansiedad se siente automática e incontrolable.

Por suerte, a pesar de cómo está "cableado" el cerebro, sí puedes influir en cómo reacciona. Prácticas como la atención plena (*mindfulness*), la autoconciencia y la terapia pueden entrenar tu mente para responder de una manera diferente. Se trata de afinar esas reacciones automáticas para que se activen solo cuando realmente sea necesario. No es un proceso fácil, lo admito, pero es totalmente posible.

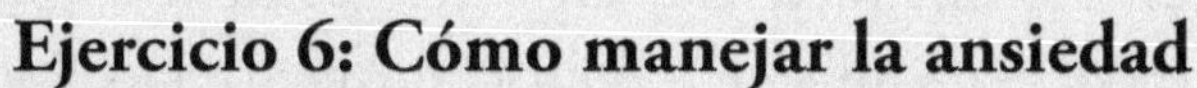

Ejercicio 6: Cómo manejar la ansiedad

1. **Reconoce el detonante:** Reconoce la ansiedad en cuanto aparezca y dite a ti mismo: *"Ok, me estoy sintiendo ansioso porque mi cerebro está interpretando esta conversación como una amenaza. En realidad, solo estamos teniendo un desacuerdo y no estoy en peligro."*

2. **Detente a respirar:** Antes de responder, haz unas cuantas respiraciones profundas. Inhala profundamente, mantén el aire durante cuatro segundos y luego exhala durante otros cuatro. Es una acción sencilla que ayuda a calmar el cuerpo y a pasar del modo "lucha o huida" a un estado más tranquilo.

3. **Replantea la situación:** En lugar de ver la discusión como una señal de que la relación se está derrumbando, cambia la perspectiva y dite: *"Esto es solo un desacuerdo y puedo manejarlo. Es normal que surjan diferencias de vez en cuando, y no representan una amenaza para la relación."*

4. **Comunica con atención plena:** Cuando tu cuerpo y tu mente estén más tranquilos, podrás abordar la conversación con una mente clara y abierta. En lugar de dejar que la ansiedad dirija tus reacciones, expresa lo que sientes con honestidad y di algo como: *"Me siento un poco abrumado en este momento. Tomemos un breve descanso y retomemos esta conversación cuando estemos más tranquilos."*

5. **Practica la autocompasión:** ¡Oye! Sentirse ansioso durante una conversación emocional es completamente humano, así que no te castigues por ello. En su lugar, muéstrate autocompasión diciéndote: *"Es natural que me sienta ansioso ahora, pero voy a salir adelante."*

Imagina que tienes una discusión con un amigo cercano o con tu pareja, y la conversación empieza a salirse de control. Observa cómo tu corazón se acelera, tu garganta se tensa y tu mente se llena de pensamientos ansiosos. Esa es tu amígdala en máxima alerta, reaccionando exactamente igual que si estuvieras frente a un peligro real.

Cuando logras bajar la intensidad de esas reacciones emocionales y dar espacio a una conversación más calmada y constructiva, puedes reducir la ansiedad. Si practicas esta estrategia con el tiempo, te volverás cada vez más hábil para atravesar situaciones emocionales difíciles sin dejar que tu "primer respondedor" interior tome el control.

Existe una conexión entre cómo manejamos la ansiedad y el miedo en la adultez y nuestras experiencias de la primera infancia. Cuando somos bebés, dependemos de nuestros cuidadores principales para sobrevivir, y es esa dependencia la que da forma a nuestros estilos de apego. Para ilustrar este punto, veamos dos ejemplos.

Primero, pensemos en un niño que crece rodeado de calidez, atención y contención. Su padre, madre o cuidador está presente para calmarlo cada vez que siente angustia, miedo o incomodidad. Esto le enseña que el consuelo está disponible, que el estrés y el miedo son temporales, y que puede apoyarse en otros cuando lo necesita. Cuando ese niño llega a la adultez, es más capaz de manejar la ansiedad sin perder el equilibrio, sabiendo que los desafíos pueden afrontarse con la ayuda de los demás.

Por otro lado, imagina a un niño que crece en un entorno impredecible, donde sus cuidadores principales no siempre son afectuosos y a veces pueden mostrarse indiferentes o incluso ausentes. Un niño que recibe indiferencia cuando necesita consuelo aprende que sus necesidades emocionales no siempre serán atendidas. Esto puede generar sentimientos de inseguridad, que luego se manifiestan como ansiedad y miedo al rechazo. Cuando llega a la adultez, puede sentir que tiene que ganarse el amor de los demás.

Este tipo de experiencias tempranas moldea nuestros estilos de apego, que a su vez influyen en cómo afrontamos el estrés, especialmente en las relaciones. La teoría del apego, desarrollada por el psicólogo británico John Bowlby en 1982, sostiene que cuando los niños experimentan vínculos seguros, es más probable que desarrollen confianza y regulación emocional. Pero cuando esos vínculos son inconsistentes, pueden aparecer la ansiedad, el miedo al rechazo y una sensación persistente de no ser lo suficientemente buenos. En el primer ejemplo, podríamos decir que el niño desarrolla un apego seguro. En el segundo, en cambio, podría desarrollar lo que se conoce como apego ansioso.

Las experiencias tempranas también pueden enseñarnos que el amor y la aprobación son condicionales. Tal vez solo recibías elogios cuando te iba bien en la escuela o cuando lograbas algo. Eso pudo llevarte a creer que solo vales cuando tienes éxito o cumples con las expectativas de los demás. Y así, sin darte cuenta, se forma una ecuación interna: valor personal = validación. Quizás hoy te descubres buscando constantemente la perfección, temiendo al fracaso o sintiéndote ansioso por decepcionar a otros.

Esto se relaciona con el perfeccionismo: la creencia de que solo cuando seas perfecto serás digno de amor, aceptación e incluso respeto. Es una idea bastante absurda, si lo piensas, considerando que la perfección es casi imposible de alcanzar. Aun así, muchos crecimos creyendo que el amor se gana a través de la perfección, y esa creencia termina filtrándose en la forma en que vivimos como adultos. Se manifiesta a través de nuestro crítico interior, esa voz en la cabeza que insiste en recordarnos todo lo que no somos y todo lo que "nos falta". Intentar cumplir con estándares imposibles es, sin duda, una forma de vivir en un estado constante de ansiedad, ¿no crees?

Pero créeme: tu valor no es algo que tengas que ganarte. No depende de tus logros, de los reconocimientos ni de la aprobación de los demás. Eres valioso por naturaleza, tal como eres.

Recuerdo haber visitado a un viejo amigo que tenía un estudio jurídico muy exitoso. Su oficina estaba cubierta de pared a pared con premios, diplomas y reconocimientos enmarcados: una prueba visible de todo su esfuerzo y sus logros. Sin embargo, mientras nos sentábamos a conversar y yo lo felicitaba por su éxito, suspiró antes de confesar algo inesperado: *"No importa cuánto logre o cuántos casos importantes gane, nunca siento que soy suficiente."*

Sus palabras me impactaron profundamente. A pesar de toda la validación externa reflejada en sus numerosos logros, seguía sintiendo un vacío por dentro, una sensación constante de no estar a la altura. Entonces entendí una verdad dolorosa: su búsqueda permanente de aprobación externa estaba alimentando una ansiedad interna que ningún reconocimiento podía satisfacer. En su caso, cuanto más buscaba validación en los demás, más profundo se volvía ese vacío.

Creo que ese vacío interno solo puede empezar a llenarse cuando una persona construye su propio valor personal, independiente de cómo la perciban los demás. Solo cuando aprende a reconocer su valor intrínseco, sin necesidad de probarlo a través de logros o reconocimientos, puede realmente decir: *"Soy suficiente."* Hasta entonces, es muy probable que siga atrapada en un ciclo de validación externa y duda constante.

Entonces, ¿cómo podemos manejar la ansiedad? Cuando empezamos a comprender sus causas más profundas, podemos dar los primeros pasos hacia la sanación. Eso nos permite cambiar la narrativa de nuestro crítico interior. Implica entender que lo que vivimos en la infancia no define nuestra realidad adulta y soltar la presión de tener que ser perfectos. En lugar de eso, podemos encontrar valor simplemente en ser humanos. La autoaceptación es un proceso gradual que requiere paciencia, autocompasión y algo de búsqueda interior, pero es totalmente posible.

Aquí tienes una guía para ayudarte en el camino:

1. Identifica tus creencias fundamentales sobre ti mismo

Muchas de las creencias que tienes sobre ti se formaron a partir de tus experiencias de infancia, y todavía hoy influyen en cómo manejas el estrés y la ansiedad. Sentimientos de insuficiencia o miedo al rechazo suelen tener su origen en esos primeros años, quedando profundamente arraigados en tu interior.

Para empezar a entender de dónde vienen esas creencias, puedes hacerte las siguientes preguntas:

- ¿Qué tipo de cosas escuchabas con frecuencia cuando eras niño? ¿Solo recibías elogios cuando te iba bien en la escuela? ¿O también te reconocían por esforzarte, sin importar el resultado?
- ¿Qué pensamientos aparecen en tu mente cuando la ansiedad te supera? ¿Te dices cosas como: *"No soy lo suficientemente bueno"* o *"tengo que hacerlo mejor para que me quieran"*?
- ¿Sueles asociar tu valor personal con tus logros o con el éxito?

2. Reflexiona sobre tus primeras experiencias de cuidado

Intenta volver a tus primeros años y recuerda cómo respondían tus cuidadores a tus necesidades. Crecer rodeado de un amor seguro y constante suele fomentar la confianza, mientras que hacerlo en entornos impredecibles puede dar lugar a la ansiedad y a las dudas sobre uno mismo.

- ¿Te consolaban cuando estabas triste o alterado, y te hacían sentir amado y acompañado?
- ¿Recibías apoyo constante de tus cuidadores, o a veces eran emocionalmente inaccesibles, retirando su amor o su aprobación?

- ¿Te sentías seguro al expresar tus emociones, o te enseñaron a guardarlas?

3. Reconoce cómo respondes al estrés y al rechazo

La forma en que crecimos tiene un gran impacto en cómo afrontamos el estrés, la crítica y el rechazo en la adultez. Cuando los cuidadores fueron críticos o emocionalmente distantes, eso puede sembrar dudas sobre uno mismo con el paso del tiempo. Como resultado, podemos sentir la necesidad de complacer a los demás o de ser perfectos para ganarnos su aprobación.

- ¿Sueles juzgarte con dureza cuando cometes un error?
- ¿Te descubres pidiendo disculpas constantemente o sintiéndote responsable por cómo se sienten los demás?
- ¿Ves el pedir ayuda como una señal de debilidad?

4. Observa los patrones en tus relaciones

Una vez que desarrollamos cierto estilo de apego, este puede influir en la forma en que nos relacionamos con los demás. Por ejemplo, experiencias inestables en la infancia pueden hacer que nos sintamos inseguros dentro de nuestras relaciones.

Algunas señales a las que puedes prestar atención son:

- Buscar constantemente validación o seguridad en los demás, y temer que se alejen o dejen de quererte.
- Tener dificultad para poner límites y preocuparte de que, al decir "no", los demás te rechacen.
- Alejar a las personas cuando se acercan demasiado, por miedo a ser vulnerable o a perder tu independencia.

Cuando empezamos a reconocer estos patrones, se vuelve mucho más fácil separar nuestras reacciones condicionadas de la realidad presente.

Y eso nos permite construir relaciones basadas en la confianza, y no en el miedo.

5. Cambia la narrativa de tu crítico interior

El crítico interior suele ser la voz de los miedos y las dudas que se formaron en la infancia. Piensa en las veces que te regañaron, te criticaron, desaprobaron lo que hiciste o simplemente te ignoraron. Cuando empiezas a cuestionar esos pensamientos, poco a poco puedes ir reduciendo la ansiedad y el autojuicio.

- Pregúntate: *"¿Le hablaría de esta manera a un amigo?"*
- En lugar de decirte *"Debo ser perfecto para que me quieran"*, intenta cambiarlo por: *"Soy valioso tal como soy"*.
- Cuando sientas que la ansiedad comienza a aparecer, recuérdate: *"Este es un patrón antiguo, pero ahora estoy a salvo"*.

6. Practica la autoconciencia y las estrategias de sanación

Puede ser relativamente fácil identificar los condicionamientos que hemos vivido. Crear una nueva forma de pensar, en cambio, es otra historia. Algunas prácticas diarias que pueden ayudarte en este proceso son:

- **Escritura reflexiva *(journaling)***: Escribir sobre tus experiencias de infancia puede ayudarte a descubrir qué moldeó tus miedos y creencias. Explora los mensajes que recibiste de tus cuidadores sobre el valor personal o la forma en que respondían a tus necesidades emocionales. Tal vez te sorprenda todo lo que puedes comprender hoy a partir de esas experiencias.
- **Atención plena *(mindfulness)***: Como la ansiedad suele estar anclada en miedos del pasado o en preocupaciones por el futuro, la atención plena ayuda porque te invita a volver al

presente. Puede ser una excelente manera de desconectarte de pensamientos intrusivos que afectan tu sentido de valor.

No puedes sanar los condicionamientos de la infancia de un día para otro, pero sí puedes empezar a romper el ciclo. Comienza por notar los patrones que has cargado contigo desde el pasado y empieza a cuestionarlos. Con el tiempo, podrás cambiar la "banda sonora" que se repite una y otra vez en tu mente diciéndote que no eres suficiente.

Cada vez que te descubras cayendo nuevamente en la duda o en el deseo de ser perfecto, te resultará más fácil presionar el botón de pausa. Con el tiempo, empezarás a reconocer la única verdad que realmente importa: ya eres suficiente, tal como eres. Esto libera la presión de tener que ser perfecto y reduce esa sensación persistente de ansiedad que no te deja descansar por las noches.

Romper el ciclo de la preocupación

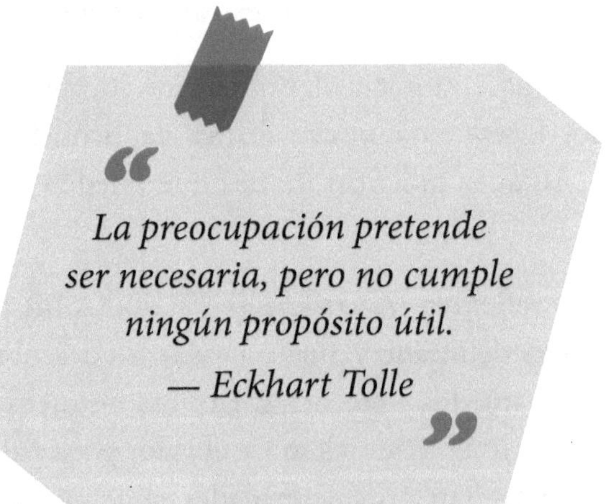

Sabes que preocuparte por algo no trae soluciones, ¿verdad? La preocupación no es un ejercicio para resolver problemas. Es más bien una trampa que nos deja atrapados en un agotador ciclo de ansiedad. Entonces, ¿por qué nos hacemos esto? ¿Y cómo podemos salir de ahí?

Cuando das vueltas en la cama por la noche, dándole mil vueltas a un problema o repasando una conversación, es fácil quedar atrapado en modo *repetición*. Revisar los detalles una y otra vez no soluciona nada. Aunque preocuparse puede darnos la ilusión de control —la sensación de que así vamos a arreglar el problema—, en realidad no funciona. Es como esperar un tren cuando ya llegamos tarde: por más que miremos fijamente la vía, no va a llegar más rápido.

Psicólogos como Thomas Borkovec (1998) explican esto a través de la *teoría de la evitación de la preocupación*. Pensar demasiado en un problema no evita los malos resultados. Lo único que ocurre es que el sobreanálisis nos paraliza, dejándonos a la espera de que suceda el peor escenario posible.

Entonces, ¿cuál es la alternativa? ¿Qué tal el *pensamiento productivo*? A diferencia de la preocupación, el pensamiento productivo nos ayuda a enfocarnos en *acciones concretas:* en lo que sí podemos hacer para resolver un problema. En lugar de colapsar mentalmente pensando en todo lo que podría salir mal, dirigimos nuestra atención hacia lo que está en nuestras manos hacer al respecto.

Si te preocupa llegar tarde al trabajo, la preocupación probablemente suene así: *"Me van a despedir. Mis compañeros van a pensar lo peor de mí."* En cambio, el pensamiento productivo suena más bien así: *"Voy a compensar el tiempo perdido y recordarme que mi jefe y mis compañeros valoran mi trabajo."*

Un buen ejemplo de esto es el de una amiga mía que solía quedarse paralizada cada vez que tenía que hacer presentaciones en su trabajo. Hablar frente a una sala llena de personas siempre la ponía muy nerviosa. Su mente se llenaba de pensamientos como: *"¿Y si me equivoco? ¿Y si parezco no saber de lo que hablo?"* Después de aprender algunas técnicas de mindfulness, logró calmar sus nervios antes de cada presentación. A veces bastaba con respirar profundo y concentrarse en la sensación de sus pies apoyados en el suelo. En lugar de obsesionarse con lo que podía salir mal, cambió su diálogo interno por algo mucho más simple: *"Solo tengo que hablar sobre un tema que conozco. Eso es todo."*

Incluso artistas muy reconocidos pueden experimentar la misma tensión antes de presentarse. Adele, una de las cantantes más exitosas de nuestro tiempo, ha hablado abiertamente sobre la ansiedad que siente antes de subir al escenario. Según ha contado, esa ansiedad proviene del miedo a ser *"descubierta"*, a sentir que no es lo suficientemente buena. Una reacción tan intensa puede incluir ataques de pánico y sensaciones de náuseas. La preocupación, incluso para celebridades y artistas exitosos, puede llegar a ser profundamente debilitante.

La buena noticia es que existen formas de manejar estas reacciones. El *mindfulness*, que mencioné antes, es una de ellas. Es una manera muy sencilla de volver al *momento presente*. En lugar de quedarnos atrapados en los "¿y si…?" del futuro, nos ancla a lo que está ocurriendo aquí y ahora.

Las investigaciones muestran que la práctica de la atención plena (*mindfulness*) interrumpe la rumiación —ese hábito de masticar una y otra vez los mismos pensamientos— y que puede practicarse en cualquier lugar (Hoge et al., 2013). En lugar de quedarnos atrapados en la preocupación, podemos dirigir nuestros pensamientos hacia algo mucho más útil. Aquí tienes un ejercicio sencillo de *mindfulness* en tres pasos para probar:

1. Toma una respiración lenta y profunda.
2. Observa cómo se siente tu cuerpo: tus pies apoyados en el suelo, el aire sobre tu piel.
3. Lleva con suavidad tu atención de vuelta al presente cada vez que tu mente se distraiga.

Suena casi *demasiado* simple para ser verdad, pero pruébalo. Con el tiempo, puedes entrenar a tu cerebro para soltar los pensamientos ansiosos y reemplazarlos por una mente más calmada.

Y si realmente quieres liberarte de la preocupación, no hay nada como una buena dosis de autocompasión, de la de toda la vida. Kristen Neff, a quien mencioné en un capítulo anterior, es una de las principales investigadoras en este tema y ha estudiado ampliamente su impacto en el bienestar. Según ella, cuando nos tratamos con compasión, nuestros niveles de ansiedad disminuyen de manera significativa.

Tal vez te estés preguntando: ¿cómo puede ayudarme ser amable conmigo mismo a dejar de preocuparme? ¿Cuál es la conexión? Bueno, además de hacerte sentir mejor en ese momento, la autocompasión te permite enfrentar el problema con una mente mucho más clara. Para entenderlo mejor, podemos desglosarla en tres elementos clave que ayudan a reducir la ansiedad:

1. Amabilidad contigo mismo vs. Autocrítica

2. Humanidad compartida vs. Aislamiento

3. Atención plena (mindfulness) vs. Sobreidentificación

Empecemos con el primero: **Amabilidad contigo mismo vs. Autocrítica.** La forma en que nos hablamos importa, y mucho. ¿Cuándo fue la última vez que te reprochaste un error? Probablemente pensaste algo como: *"¿Por qué hice eso? ¡Soy un idiota!"* Pero hay una manera mucho más útil —y mucho más sana— de responder. En lugar de atacarte, podrías decirte: *"Fue un error, pero puedo aprender de esto."*

Aunque puedas pensar que la autocrítica te ayudará a hacerlo mejor la próxima vez, en realidad suele hacerte sentir peor. Además de generar aún más ansiedad, es un verdadero golpe a tu motivación y puede dejarte atrapado en un círculo vicioso de preocupación (Gilbert, 2009).

Curiosamente, cuando te tratas con amabilidad, eso calma tu sistema nervioso y la respuesta del cuerpo al estrés. Se libera oxitocina —la hormona responsable de hacernos sentir seguros y acompañados— y ese cambio bioquímico tiene beneficios a largo plazo. Con el tiempo, fortalece tu resiliencia y te ayuda a recuperarte mejor de los tropiezos y los fracasos (Neff y Germer, 2013).

Pasemos ahora a **Humanidad compartida vs. Aislamiento**. Cuando estamos atravesando un momento difícil, es muy fácil sentir que estamos completamente solos en lo que nos pasa. Nos convencemos de que todos los demás están bien mientras nuestra propia vida parece venirse abajo. Un poco de autocompasión puede recordarnos algo importante: el sufrimiento es *parte de ser humanos*. Y aunque todos cometemos errores, lo que realmente importa es cómo respondemos a ellos. Por eso la conexión es tan crucial, especialmente hoy, cuando muchas veces parece que cada quien vive en su propio mundo virtual. Cuando nos conectamos, entendemos que todos atravesamos dificultades y nos volvemos más abiertos a pedir apoyo. Y no solo eso: al extender nuestra amabilidad hacia los demás, también aliviamos nuestras propias cargas. Un problema compartido es un problema a la mitad, ¿no?

Cuando reconocemos nuestra humanidad compartida, los fracasos personales dejan de sentirse tan aislantes y se transforman en experiencias comunes. Y resulta reconfortante saber que no estamos solos. A veces, un cambio tan simple en la forma de pensar puede quitar mucha presión y ayudarnos a preocuparnos menos.

Por último, hablemos de **Atención plena (mindfulness) vs. Sobreidentificación.** Es muy fácil perdernos en la preocupación y dejar de ver el panorama completo. Si estás convencido de que vas a reprobar el examen de manejo, hay muchas probabilidades de que así sea, simplemente porque lo crees sin cuestionarlo. En cambio, ¿qué tal si das un paso atrás y reconoces que tu ansiedad son solo pensamientos

—no verdades— y que no tienes por qué identificarte con ellos? De eso se trata: de ganar perspectiva.

Practicar la atención plena te ayuda a crear un poco de espacio entre tú y tus pensamientos, lo que te permite responder con mayor claridad en lugar de reaccionar desde el miedo. En vez de quedarte atrapado en los peores escenarios posibles, puedes reconocer tus preocupaciones sin dejar que definan quién eres. Imagina pequeñas nubes esponjosas flotando en el cielo, muy arriba. Cada una representa un pensamiento. Obsérvalo… y déjalo pasar. Con el tiempo, este cambio te ayudará a enfrentar los desafíos con una mentalidad más calmada y equilibrada: una que te impulse, en lugar de abrumarte.

Superar conductas adictivas y encontrar la paz

No es posible abordar todos los aspectos de la adicción en este libro. Aun así, comprender que la adicción es un mecanismo de afrontamiento puede ayudarte a desarrollar una perspectiva más compasiva y un mayor sentido de valor personal.

Como explica Gabor Maté, experto en desarrollo infantil y adicciones, en su libro *In the Realm of Hungry Ghosts: Close Encounters with Addiction (2008): "La adicción no es una elección que alguien hace; no es un fracaso moral. Lo que realmente es, es una respuesta al sufrimiento humano."*

Tal vez nunca hayas conectado los puntos entre tus conductas adictivas y tus experiencias pasadas, pero Maté sugiere que el impacto del trauma y el estrés tiene un efecto profundo en nuestra salud mental y física. Ya sea beber en exceso, apostar, pasar demasiado tiempo en el teléfono o consumir drogas, estos comportamientos adictivos suelen ser intentos de lidiar con un dolor emocional no resuelto (Maté, 2008).

Seguramente conoces al actor Robert Downey Jr., quien ha luchado con la adicción a lo largo de su vida. Ser una figura pública significó que cada arresto ocupaba titulares, y que entrara y saliera de centros de rehabilitación durante los años noventa y principios de los dos mil. Downey ha hablado con mucha honestidad sobre su adicción y ha contado cómo fue expuesto al consumo de drogas desde una edad muy temprana por su propio padre. Con el tiempo, comprendió que su consumo era una forma de afrontar un dolor emocional profundo y conflictos personales no resueltos. A través de la rehabilitación, la práctica de la atención plena (*mindfulness*) y un sólido sistema de apoyo, el actor logró finalmente transformar su vida. Downey es un claro ejemplo de cómo la adicción suele estar ligada a heridas emocionales más profundas. Pero también nos muestra algo importante: con la mentalidad adecuada y el apoyo correcto, la recuperación es posible.

¿Cómo puedes liberarte de un comportamiento adictivo? El primer paso es desarrollar mayor autoconciencia y empezar a prestar atención a tus patrones. ¿Qué cosas haces casi en automático, sin pensarlo demasiado, que con el tiempo se han convertido en hábitos? Cuando logras identificarlos, suele quedar claro que ya no te están sirviendo.

Tomemos como ejemplo las compras en línea, un hábito muy común y que hoy parece bastante inofensivo. Conozco a muchas personas que pasan horas navegando por tiendas online cuando se sienten estresadas. Es un hábito fácil de adquirir. Si tuviste un mal día en el trabajo, discutiste con un amigo o simplemente te sientes bajoneado, deslizar el dedo por el celular y agregar cosas al carrito puede hacerte sentir mejor en ese momento. Pero cuando empiezas a ser más consciente de lo que estás haciendo —cuánto tiempo y cuánto dinero estás gastando—, te das cuenta de que tu energía emocional se está canalizando hacia conductas que no te ayudan. Este nivel de autoconciencia puede ser clave para romper el ciclo y encontrar formas más saludables de afrontar el estrés. Salir a caminar, andar en bicicleta, leer un libro o ir a nadar son opciones mucho más sanas para manejar el agobio después de un día difícil.

Y ojo: este tipo de regulación emocional no se trata de tragarte lo que sientes ni de ignorarlo. Se trata de aprender a procesar tus emociones de una manera más saludable y enfrentarlas de forma consciente. Cuando desarrollas esa habilidad, resulta mucho más fácil no ceder ante impulsos o deseos que terminan haciéndote daño.

Tal vez hayas caído en una adicción porque, en el fondo, no crees que mereces algo mejor. Si cargas con una mentalidad de "no soy suficiente" o sientes que no mereces ser feliz, liberarte de comportamientos dañinos puede volverse mucho más difícil. La verdad es que fortalecer tu sentido de valor personal puede marcar una gran diferencia en el proceso de recuperación. En lugar de caer en la idea de que necesitas hacer algo, puedes empezar a verlo como una elección. Puedes elegir seguir por un camino destructivo o elegir una vida más saludable. Cuando realmente crees en tu propio valor y en tu dignidad, la tentación de tirarlo todo por la borda por un alivio momentáneo pierde fuerza.

Aquí tienes tres pasos clave para desarrollar una mentalidad de valor personal:

- **Practica la autocompasión:** Ya hemos hablado de la importancia de la autocompasión y de ser amable contigo mismo cuando cometes errores. Cuanto menos te critiques, menos probabilidades habrá de que caigas en patrones negativos de comportamiento vinculados a la adicción.
- **Rodéate de influencias positivas:** En esos días en los que te sientes bajo de ánimo y te cuesta reconocer tu propio valor, rodéate de personas que puedan apoyarte. Incluso cuando eres duro contigo mismo, tus amigos y tu familia pueden acompañarte y ayudarte a fortalecer tu autoestima. No dudes en buscarlos cuando lo necesites.
- **Establece metas pequeñas y alcanzables:** Ve día a día y evita ponerte metas imposibles o expectativas poco realistas. Celebra cada logro, por pequeño que sea, porque cada uno refuerza tu sentido de valor personal.

Una de las formas más efectivas de romper patrones destructivos es reemplazarlos por alternativas más saludables. La actividad física, la meditación y la escritura reflexiva pueden ser profundamente terapéuticas. La próxima vez que te sientas ansioso o estresado, en lugar de recurrir a una conducta dañina, toma un libro, sal al jardín, juega con tu gato… lo que sea necesario para romper el ciclo. Puedo asegurarte que, cuanto más practiques este cambio, más control sentirás sobre tus reacciones y sobre la forma en que respondes a lo que te pasa.

Aprendizaje clave:

La ansiedad y la preocupación son mecanismos de supervivencia obsoletos: estaban pensados para protegernos, pero en la vida moderna muchas veces resultan innecesarios. Los estudios muestran que la mayoría de las cosas por las que nos preocupamos nunca suceden —el 91%, de hecho— (Leahy, 2005). Aun así, nuestro cerebro sigue programado para detectar amenazas potenciales, lo que nos mantiene atrapados en un ciclo de sobrepensamiento.

Pero cuando luchas con un bajo sentido de tu propio valor, la preocupación también se convierte en una señal de tus miedos internos. Tu mente trabaja horas extra buscando razones por las que podrías fracasar, ser rechazado o no estar a la altura. Si a eso le sumas ansiedad y duda constante, terminas creyendo que no eres capaz de afrontar los desafíos de la vida.

Aquí está la clave: la preocupación es una herramienta, no una verdad. Y si la mayoría de tus miedos nunca se materializan, es muy probable que muchas de tus creencias negativas sobre ti también sean ilusiones. Cuestiona tus miedos, tus dudas y la forma en que te percibes para cambiar la narrativa en tu mente. Ya tienes valor. Créeme.

CAPÍTULO 6

EL CAMBIO ES PODER

"La única constante en la vida es el cambio."
— Heráclito

El cambio puede ser traumático, cambiarte la vida (para bien o para mal) y dar mucho miedo. ¿Qué pasará si de repente nuestra vida, tal como la conocemos, se sale de control? ¿Cómo vamos a lidiar con eso y qué nos espera en el futuro?

A nadie le gusta pasar por un cambio. Todos preferimos quedarnos en nuestra zona cómoda y evitar situaciones que nos obliguen a salir de ella. Incluso cuando estamos seguros de que el cambio es para mejor, nos resistimos. ¿Por qué? Porque somos criaturas de hábitos. Nos encantan las rutinas, lo familiar y lo predecible. Cuando las cosas salen como esperamos, nos sentimos seguros, tranquilos, estables. Pero apenas algo empieza a desmoronarse, entra el pánico… sentimos como si nos estuvieran quitando el suelo bajo los pies.

Nuestra inclinación natural es resistirnos al cambio. Tendemos a aferrarnos a lo conocido, porque soltarlo y adentrarnos en lo desconocido se siente arriesgado, peligroso y muchas veces aterrador. Hay algo en todo eso que nos pone nerviosos y activa nuestros instintos de supervivencia más profundos. Y tiene sentido: lo familiar nos hace sentir a salvo. Salirse del camino conocido y explorar terreno nuevo siempre ha tenido sus riesgos. ¿Quién sabe qué peligros pueden aparecer más adelante? ¡Podríamos perdernos o incluso ser devorados por un lobo!

Puede que estés atrapado en un matrimonio infeliz, pero decidas quedarte porque la alternativa parece aún peor. Tal vez odias tu trabajo actual, pero piensas: "mejor malo conocido…", ¿cierto? Muchas veces, el cambio simplemente nos cae encima: una enfermedad repentina o una lesión, un accidente grave, una pérdida económica o la muerte de alguien querido. No siempre podemos controlar lo que nos pasa: los cambios van a ocurrir, nos guste o no. Y las consecuencias pueden ser igual de duras si no sabemos cómo lidiar con ellas: pérdida de confianza, soledad y, además, problemas físicos y de salud mental.

Entonces, ¿cómo podemos ver el cambio por lo que realmente es —inevitable— y aprender a crecer a partir de él en lugar de hundirnos? ¿Qué mentalidad podemos adoptar para aceptar el cambio y darnos permiso de ser un poco desordenados en el proceso?

Navegando las transiciones de la vida

En su libro *Transitions: Making Sense of Life's Changes (2004)*, William Bridges dice que el cambio real ocurre dentro de nosotros cuando nos enfrentamos a terrenos inestables. Habla de tres etapas psicológicas por las que solemos pasar: el final (cuando soltamos lo viejo), la zona neutral (ese espacio caótico en el que nos sentimos perdidos) y el nuevo comienzo (cuando empezamos a avanzar). Cuando entendemos estas tres etapas, podemos ser un poco más amables con nosotros mismos cuando todo parece un gran desorden.

De eso mismo habla el autor Bruce Feiler en su libro *Life Is in the Transitions: Mastering Change at Any Age (2020).* Feiler parte de una idea clave: la vida no sigue un camino lineal. En cambio, todos atravesamos lo que él llama *lifequakes* ("terremotos de vida"): grandes cambios, muchas veces inesperados, que nos sacuden por completo. Su investigación nos ofrece claves para entender cómo responder a esos sacudones y aprender a salir fortalecidos de ellos.

Primero, necesitamos aceptar que los terremotos de vida son inevitables: a lo largo de nuestra vida, atravesaremos entre tres y cinco. Pueden presentarse como un divorcio, una enfermedad u otro desafío personal. También pueden ser eventos colectivos, como la pandemia de COVID-19 o una crisis económica. Cada *lifequake* implica un periodo de transición que Feiler describe como *"la larga despedida, el intermedio caótico y el nuevo comienzo".*

Algo que se desprende de la investigación de Feiler es que las personas que transforman activamente sus propias narrativas personales son más resilientes. Las historias que nos contamos pueden ayudarnos a reescribir nuestra identidad, pasando de sentirnos víctimas pasivas a convertirnos en personas que toman el control de su vida. Son los pequeños pasos los que nos ayudan a adaptarnos, más que los cambios drásticos. Y cuanto más pequeños sean esos pasos, mayor control tendremos sobre el resultado.

Aquí tienes un ejemplo de lo que le pasó a una amiga mía que muestra bien este enfoque:

Rachel odiaba su trabajo como contadora, pero tenía demasiado miedo de dar el salto hacia lo desconocido. Podría decirse que estaba en la etapa del final: soltar lo familiar. Pensar en todo lo que dejaría atrás —sus colegas, la rutina predecible, los clientes— la llenaba de incertidumbre sobre el futuro. Aunque deseaba con todas sus fuerzas independizarse, el miedo la frenaba. ¿Y si fracasaba? ¿Y si se arrepentía de dejar un ingreso estable?

Al principio, Rachel no tenía un plan claro; solo sabía que necesitaba un cambio. Dudaba constantemente de sí misma y se preguntaba si había cometido un error terrible. Sus amigos y familiares, aunque bien intencionados, tampoco ayudaban mucho; sus preguntas solo la hacían dudar aún más. *¿Y ahora qué vas a hacer? ¿De verdad es este el momento para empezar de nuevo?* Se sentía perdida, a la deriva, en una crisis de identidad que no había anticipado.

Pero en lugar de dejar que los arrepentimientos y las inseguridades la detuvieran, Rachel decidió abrazar lo desconocido. Siempre había tenido una pasión por la cocina y soñaba con tener sus propios talleres de repostería.

Esta fue su etapa de nuevo comienzo, cuando empezó a organizarse pensando en una carrera distinta. Tomó cursos en línea, se conectó con personas que ya habían iniciado sus propios negocios y comenzó a ofrecer talleres de repostería de prueba desde su casa.

Después de un comienzo lento y varias noches sin dormir llenas de dudas, Rachel decidió seguir adelante. A medida que más personas se sumaban a sus cursos, empezó a sentirse más segura de sus habilidades. Sus acciones estaban impulsando su éxito, aun sin tener un plan perfecto. Lo que marcó la diferencia fue su disposición a atravesar el caos, adaptarse a la incertidumbre y seguir adelante con perseverancia y resiliencia. Con el tiempo, Rachel entendió por qué necesitaba pasar por esos cambios, y eso hizo que todo fuera un poco más fácil.

Pase lo que pase, el cambio nos ayuda a crecer como personas. Cuando logramos verlo así, la resistencia empieza a desaparecer.

Tener una mentalidad de crecimiento —de la que hablé en el Capítulo 2— es fundamental si queremos atravesar el cambio con mayor éxito. Parte de la idea de que, en lugar de verlo como una catástrofe, el cambio puede convertirse en una experiencia de aprendizaje si elegimos mirarlo de esa manera. Aunque para Rachel la idea de dejar su trabajo de tiempo completo fue abrumadora, salió de esa etapa con un renovado sentido de propósito y plenitud. Nunca es un camino fácil, pero siempre hay algo que ganar cuando nos animamos a dar el paso.

Claro que no todos los cambios son bienvenidos o esperados. Algunos, como el de Rachel, requieren un salto de fe; otros —como la pérdida de un ser querido— nos sacuden hasta lo más profundo. Conozco ese dolor de primera mano, ya que perdí a mi hermano. Nada podría haberme preparado para el duelo que experimenté, junto con la rabia que lo acompañó. El duelo es un lugar profundamente oscuro, un abismo del que no es fácil salir.

Nos debemos a nosotros mismos vivir el duelo por completo, pero con el tiempo también merecemos encontrar una forma de seguir adelante, cada uno a su manera. Hace falta valentía para aceptar y avanzar, y el proceso de sanación es distinto para cada persona. No tengo ningún truco mágico para ayudar a quien esté atravesando la pérdida de alguien, pero sí puedo decir que la muerte es parte de la vida. Es un cambio sísmico, sin duda, y sus réplicas pueden sentirse durante mucho tiempo. Es una de las transiciones más difíciles de la vida, y podemos decidir cómo llevarla con nosotros mientras seguimos adelante.

El cambio ocurre nos guste o no, y siempre ha sido así. No existe tal cosa como una vida sin interrupciones y, siendo honestos, eso sería bastante aburrido. Siempre estamos en un proceso de transición, desde crecer hasta aprender a vivir como adultos. Las cosas pasan, tanto a nivel personal como colectivo: el mundo cambia, las personas cambian, nuestro entorno cambia, las estaciones cambian, los sueños cambian.

A nivel personal, cambiamos de rumbo, nos movemos en distintas direcciones, a veces ajustamos la velocidad y ponemos la mirada en nuevos destinos. Colectivamente, nos adaptamos, nos reajustamos y aceptamos nuevos paradigmas. La vida no existe sin cambio, así que cuanto más abiertos estemos a él, mejor. Cuando navegamos el cambio con curiosidad, valentía y compasión hacia nosotros mismos, podemos explorar nuevas formas de vivir sin perdernos en el camino.

El budismo enseña que la impermanencia *(anicca)* es una de las verdades fundamentales de la existencia. Según estas enseñanzas, el sufrimiento surge cuando intentamos resistir lo inevitable: aferrarnos a una rama mientras la corriente del río nos arrastra. Esto no significa que debamos rendirnos al flujo sin cuestionarlo. Más bien, se trata de reconocer cuándo nos estamos resistiendo por miedo y cuándo estamos tomando una decisión consciente para dirigir nuestro rumbo. Se trata de entender la diferencia entre aferrarnos desde el miedo y elegir, de manera consciente, adaptarnos.

Piensa en todos los cambios que has vivido en tu vida. Algunos seguramente te generaron incomodidad porque preferías la estabilidad. Tal vez tuviste que dejar atrás una identidad, una relación pasada, una carrera o cierto estilo de vida; aferrarte a eso por miedo solo habría hecho más difícil seguir adelante.

¿Qué tal si te dijera que el cambio no solo es inevitable, sino también esencial?

Así como la transformación de una crisálida en una hermosa mariposa, el cambio puede ser liberador. A lo largo de la vida atravesaremos muchas transiciones y, en más de una, nos encontraremos en esa etapa de crisálida: ese punto intermedio, confuso, en el que todo se siente revuelto y fuera de lugar. Pero es precisamente a través de esa metamorfosis que hacemos crecer nuestras alas, soltando lo que fuimos para dar paso a lo que podemos llegar a ser.

Claro, en el camino habrá consecuencias: la pérdida de algo que creíamos permanente. Y sí, eso puede resultar desconcertante, pero también es necesario. La transformación lleva tiempo y esfuerzo; tenemos que atravesar las partes difíciles y confiar en el proceso, para salir del otro lado sintiéndonos más livianos, más libres y listos para desplegar nuestras alas.

Por ejemplo, imagina que tienes que mudarte a una nueva casa. Estás tan acostumbrado a llamar "hogar" a la anterior que la sola idea de irte resulta realmente dolorosa. Ha sido tu refugio, tu lugar seguro, por tanto tiempo que la mudanza te llena de ansiedad y temor. Además, vivir en un vecindario nuevo también da miedo. No conocerás a nadie, tendrás que tomar un camino distinto al trabajo y no estás familiarizado con la zona. Todos esos miedos son una forma de resistencia al cambio. Y cuanto más te resistes, más difícil se vuelve la experiencia. En cambio, si fluyes con el proceso, la mudanza se siente menos dolorosa. Aunque todo parezca incierto, algo nuevo asoma en el horizonte y, cuando lo abrazas, el cambio empieza a convertirse en una etapa bienvenida en tu vida.

En 1969, la psiquiatra suizo-estadounidense Elisabeth Kübler-Ross publicó su libro revolucionario *On Death and Dying* (Sobre la muerte y los moribundos). Allí describió las cinco etapas del duelo —negación, ira, negociación, depresión y aceptación—, conocidas como el Modelo Kübler-Ross. Aunque al principio se desarrolló para explicar cómo afrontamos la pérdida y las enfermedades terminales, este modelo también se aplica a muchos otros grandes cambios de la vida. Entre ellos, el crecimiento personal, los cambios de carrera, las rupturas de pareja e incluso los cambios sociales. Cada vez que atravesamos una de estas experiencias, pasamos por una especie de duelo por algo que hemos perdido, de forma muy similar a cuando perdemos a un ser querido. Hay una sensación de pérdida de lo familiar, del control e incluso de la identidad: ¿quiénes somos sin nuestro trabajo, nuestra pareja, nuestro hogar o una buena salud?

Si logramos comprender esta *Curva del Cambio*, podemos atravesar las transiciones con mayor compasión hacia nosotros mismos. Quiero invitarte a mirar más de cerca estas cinco etapas. ¿Has experimentado recientemente alguna de ellas después de que algo cambiara en tu vida?

1. Negación: "Esto no está pasando."

Nuestra primera reacción suele ser resistir la realidad o convencernos de que lo que está ocurriendo es solo temporal. Si alguna vez perdiste tu trabajo, quizá intentaste decirte a ti mismo que no podía ser verdad —que debía haber un error. Y hay una buena razón por la que nuestro cerebro reacciona así: está tratando de protegernos del impacto emocional intenso que el cambio puede provocar.

2. Enojo: "¿Por qué me está pasando esto a mí?"

Cuando el polvo se asienta y la realidad empieza a hacerse evidente, es natural sentirse frustrado. Ese enojo puede expresarse hacia afuera, como ira, o hacia adentro, como culpa. Gritarle a tu jefe puede parecer completamente justificado en ese momento: después de todo, lo ves como responsable de lo que estás viviendo. Si, en cambio, te culpas a ti mismo y das vueltas una y otra vez a tus supuestos errores, eso también puede parecer lógico. Lo curioso es que esta reacción, en realidad, significa que estás lidiando con el cambio y tratando de entenderlo.

3. Negociación: "Tal vez si solo..."

Luego pasamos a la etapa de la negociación, en la que intentamos pactar con la realidad para volver atrás. Los *"¿y si...?"* y los *"si tan solo..."* se repiten en nuestra mente mientras tratamos de deshacer el daño. Tal vez aceptes el siguiente trabajo que aparezca, incluso con un salario o un puesto menor, solo para recuperar algo de estabilidad en tu vida. Es un intento natural de retomar el control cuando sentimos que las cosas se nos van de las manos.

4. Depresión: "No puedo con esto."

Muchas veces, la etapa de negociación no funciona, y entonces nos queda enfrentar de lleno la realidad de la situación. Pueden aparecer sentimientos de duda, tristeza y pérdida. Durante este período caótico, la vida puede sentirse como un gran signo de interrogación mientras luchamos con la incertidumbre de lo que viene después. ¿Y sabes qué? Es justamente aquí donde empieza la transformación, porque ese malestar nos obliga a soltar y a seguir adelante.

5. Aceptación: "Esta es mi realidad, y puedo seguir adelante."

No tenemos que amar el cambio, y puede seguir doliendo, pero al menos, en esta etapa, ya no lo resistimos. Después de preguntarnos *"¿Por qué me pasó esto a mí?"*, empezamos a movernos hacia otra pregunta: *"¿Qué puedo aprender de esto?"*. Es aquí donde descubrimos nuevas formas de vivir, nuevas posibilidades y, con el tiempo, una nueva normalidad.

La aceptación no llega de la noche a la mañana; es un proceso lento y distinto para cada persona. Puede que un día te sientas optimista y al siguiente vuelvas a la tristeza o al enojo. Y mientras logres entender por qué esto está ocurriendo y aceptar que forma parte del proceso, podrás salir adelante... ¡con tus alas intactas!

El poder de la flexibilidad y la adaptabilidad

El cambio nos invita a desarrollar flexibilidad y adaptabilidad. Para navegar los altibajos de la vida, necesitamos aprender a ajustar nuestras velas y aprovechar el impulso del viento. Cuando logramos hacerlo, podemos atravesar cualquier tormenta que se cruce en nuestro camino.

Imagina una palmera. Cuando enfrenta una tormenta, no se quiebra. Se mueve con el viento en una danza elegante, a veces incluso llegando a tocar el suelo, solo para volver a erguirse cuando la tormenta pasa. Es resiliente: capaz de soportar condiciones extremas sin romperse. Si ves imágenes de grandes tormentas tocando tierra, notarás que casi todo a su paso queda destruido… excepto esas increíbles palmeras. ¿Cómo es posible?

Las palmeras están diseñadas por la naturaleza para soportar el impacto de los huracanes. Gracias a su tronco fibroso y esponjoso, pueden doblarse sin romperse. Su sistema de raíces, poco profundo pero muy extendido, las mantiene firmemente ancladas al suelo cuando el viento arrecia. Sus hojas, largas, delgadas y aerodinámicas, se doblan y dejan pasar el viento en lugar de oponerse a él. Además, las palmeras crecen a partir de un solo meristemo apical (o eje central), protegido en lo profundo del tronco, lo que les permite regenerarse con facilidad. Si las palmeras pueden sobrevivir a los huracanes moviéndose con el viento en lugar de intentar *resistirlo*, creo que nosotros también podemos aprender mucho sobre cómo enfrentar el cambio.

Mientras la palmera nos enseña resiliencia, el manzano nos ofrece otra lección: la adaptabilidad. No diríamos que el manzano simplemente se prepara para los cambios de estación; se adapta a ellos. La primavera es su momento para florecer, el verano para dar fruto, y el otoño trae consigo el tiempo de soltar, cuando las hojas caen al suelo, mientras que el invierno se vuelve una etapa de descanso. El manzano no se resiste al cambio de estaciones. Se ajusta al ciclo de crecimiento y reposo, evolucionando en sintonía con su entorno.

Si logramos estar igual de abiertos al cambio, abrimos espacio para el crecimiento personal. En pocas palabras, soltar el pasado nos ayuda a crear un nuevo mañana sin miedo a lo desconocido.

Para atravesar los cambios con éxito, necesitamos ser tan flexibles como una palmera y tan adaptables como un manzano. Así que la próxima vez que te descubras resistiéndote, pregúntate: ¿en qué necesito mantenerme firme y en qué necesito adaptarme?

Puedo recordar muchos momentos de mi vida en los que tuve que mantenerme firme, a pesar de la tormenta, para alcanzar mis metas a largo plazo. No soy la misma persona que era hace cinco, diez o veinte años, y el camino no siempre ha sido fácil. He tenido que adaptarme en tiempos inciertos para llegar a donde estoy hoy. A menudo encuentro inspiración en personas que han sabido atravesar la tormenta sin perder de vista quiénes son y lo que realmente quieren. Una de esas personas fue la legendaria Roberta Flack, quien falleció en 2025 a los 88 años.

Aunque es un nombre muy conocido, pocas personas conocen realmente la profundidad del recorrido de Roberta Flack. Aún menos saben que comenzó su carrera musical en la música clásica y que fue considerada una niña prodigio. Después de obtener una beca para estudiar piano en la Universidad de Howard cuando tenía solo 15 años, Roberta soñaba con convertirse en pianista de conciertos. Sin embargo, sus primeros encuentros con la discriminación racial y de género la llevaron a replantearse sus aspiraciones musicales. Esas limitaciones la obligaron a adaptarse, algo que hizo de manera extraordinaria, utilizando su formación clásica dentro de la música popular de la época, como el jazz, el soul y el R&B. Esa capacidad excepcional de reinventarse fue lo que convirtió a Roberta Flack en una artista tan perdurable y admirada con el paso del tiempo.

De pianista virtuosa a cantante de ópera, luego educadora musical y más tarde intérprete en clubes nocturnos, Roberta Flack firmó con Atlantic Records en 1969. A partir de ahí, logró colocar 18 canciones en las listas de Billboard y ganó cuatro premios Grammy. Su versatilidad y estilo innovador le permitieron combinar la música clásica con el folk, el jazz, lo latino y el sonido Motown, creando un repertorio único que conectó con públicos muy diversos. Lo que realmente la distinguía de otros artistas era su increíble capacidad para transmitir una profunda carga emocional a través de su música. Además, creía firmemente en el trabajo colaborativo y trabajó con una gran variedad de músicos y productores. No solo se animó a explorar distintos géneros, sino que esas colaboraciones le permitieron mantenerse vigente en una industria musical en constante cambio.

A pesar del racismo y el sexismo sistémicos que enfrentó, Roberta se negó a dejarse frenar. Tomó el control de sus propias sesiones de grabación y produjo su propio álbum, una decisión audaz que reflejó su determinación y fortaleza interior.

La historia de Roberta refleja muy bien lo que la psicóloga Angela Duckworth explora en su libro *Grit: The Power of Passion and Perseverance (2016)*. Duckworth plantea que el esfuerzo sostenido y la adaptabilidad pesan más en el éxito a largo plazo que el talento o la inteligencia por sí solos. En pocas palabras, quienes enfrentan los obstáculos de frente y están dispuestos a adaptarse son quienes, con el tiempo, logran salir adelante.

La carrera de Roberta Flack es un claro ejemplo de esto. Al reconocer las limitaciones que enfrentaban las mujeres negras en la música clásica, supo adaptarse y reinventarse sin comprometer su integridad musical. También atravesó momentos de profunda pérdida, como la muerte de su amigo y colaborador Donny Hathaway. Aun devastada por su partida, continuó creando y honrando su legado a través de su obra. Son pocas las artistas que han logrado sostener una carrera tan larga y respetada, y por eso Roberta Flack sigue siendo un referente luminoso para quienes vienen detrás.

Como plantea Angela Duckworth, atravesar las dificultades no se trata solo de aguantar, sino de saber cuándo ajustarse, adaptarse y cambiar de rumbo. El éxito no proviene únicamente del talento; también requiere la capacidad de cambiar, crecer, evolucionar y mantenernos conectados con nuestra pasión más profunda. Duckworth destaca la perseverancia y la adaptación como claves del éxito. Pero ¿qué pasaría si pudiéramos ir más allá de la simple resiliencia y, en lugar de solo resistir la adversidad, aprender a beneficiarnos de ella? Ahí es donde entra en juego el concepto de antifragilidad, propuesto por Nassim Nicholas Taleb.

En su libro *Antifrágil: Las cosas que se benefician del desorden (2012)*, Taleb explora cómo podemos no solo sobrevivir, sino prosperar en medio de la incertidumbre. En relación con el cambio, sostiene que, en lugar de simplemente soportar el estrés, podemos fortalecernos gracias a él. De hecho, señala que ciertas personas, sistemas e ideas no solo resisten la incertidumbre y la adversidad, sino que crecen y mejoran a partir de ellas. Esto sigue siendo válido incluso en momentos de caos, cuando parece que el mundo entero ha perdido el equilibrio.

Veamos con más detalle esta idea de la *antifragilidad*:

- Las personas o sistemas frágiles se quiebran bajo presión; les cuesta lidiar con los contratiempos, y el cambio suele ser uno de esos detonantes de estrés.
- Una persona resiliente resiste la tormenta sin romperse, como la palmera de la que hablé antes: se dobla con el viento, pero sigue en pie.
- Las personas antifrágiles, en cambio, se benefician del estrés. Con el tiempo se fortalecen, y cada golpe o contratiempo refuerza su capacidad para enfrentar los siguientes.

Entonces, ¿cómo llegamos a un punto en el que podemos atravesar los cambios y salir de ellos más fuertes y alineados con nuestras metas? Para Taleb, la clave está en una estrategia que combine bajo riesgo con riesgo calculado.

Por ejemplo, si quieres pasar de un trabajo corporativo a convertirte en emprendedor, un enfoque frágil sería renunciar de forma impulsiva y poner en riesgo tu estabilidad económica. Una persona resiliente tal vez aguantaría un trabajo que no le gusta sin animarse a cambiar. En cambio, una persona antifrágil empezaría a prepararse con tiempo: investigaría, afinaría sus habilidades y pondría a prueba el terreno antes de dar el salto.

Aquí es donde el enfoque antifrágil demuestra su verdadero valor. Mientras sigues en tu trabajo actual, empiezas a investigar el negocio que quieres lanzar. Perfeccionas tus habilidades, ajustas tu estrategia y ganas confianza en tu experiencia antes de hacer la transición completa hacia tu nuevo proyecto.

Atravesarás períodos de incertidumbre y, muchas veces, tendrás que salir de tu zona de confort. Todo eso forma parte del proceso de cambio: adaptarse a nuevos desafíos mediante prueba y error. Pero hay algo claro: quienes aceptan la incertidumbre y se adaptan a los desafíos terminan siendo más creativos, ingeniosos y fuertes a largo plazo.

La activista por los derechos civiles Harriet Tubman es un ejemplo poderoso de antifragilidad. No solo soportó una vida marcada por enormes dificultades, sino que se volvió más fuerte y efectiva gracias a ellas, transformando la adversidad en una fuente de poder. Prosperó en medio de la incertidumbre, se adaptó al peligro y se convirtió en una fuerza imparable en la lucha por la libertad.

Nacida en la esclavitud en Maryland en 1822, Harriet sufrió una lesión cerebral traumática cuando tenía apenas 13 años. A lo largo de su vida convivió con problemas de salud como epilepsia, narcolepsia y migrañas crónicas. Pero nada de eso la detuvo. Al contrario, esas dificultades fortalecieron su resiliencia y su propósito. Escapó de la esclavitud en 1849 y dedicó su vida a ayudar a otros, organizando la huida de alrededor de 300 personas esclavizadas a través del *Underground Railroad.*

En aquel tiempo, el *Underground Railroad* era completamente impredecible. Las rutas cambiaban con frecuencia, los informantes abundaban y los cazadores de esclavos siempre estaban al acecho. Tubman tuvo éxito gracias a su capacidad de adaptación: cambiaba de tácticas, tomaba distintos caminos y utilizaba una amplia variedad de disfraces. Con el tiempo, se convirtió en una estratega excepcional, arriesgando su vida una y otra vez. Podría decirse que su enfoque reflejaba la estrategia de barra de Nassim Nicholas Taleb: asumía riesgos tanto bajos como altos, afinando constantemente sus tácticas y ajustándose cuando era necesario, sin llegar a ser capturada.

Impulsada por sus profundas convicciones en la libertad y la igualdad, Harriet Tubman también trabajó como enfermera, cocinera y espía para el Ejército de la Unión durante la Guerra Civil. Comprometida con el movimiento por el sufragio femenino, se convirtió en una figura clave en la lucha por los derechos civiles y la igualdad racial. Su resiliencia y capacidad de adaptación la transformaron en un ejemplo luminoso de valentía y convicción en un período turbulento de la historia de Estados Unidos.

Entonces, ¿qué podemos aprender de figuras como Roberta Flack y Harriet Tubman? Que no solo podemos salir adelante a pesar de nuestras dificultades, sino gracias a ellas. A lo largo del cambio, podemos construir algo valioso si estamos dispuestos a adaptarnos, ser flexibles y confiar en nuestras propias capacidades.

En su libro *The Obstacle Is the Way (2014)*, Ryan Holiday explora cómo los principios del estoicismo pueden ayudarnos a transformar la adversidad en oportunidad. Cuando desarrollamos adaptabilidad y aprendemos a ver los obstáculos como caminos hacia el crecimiento, los desafíos de la vida se vuelven más manejables. La neurociencia respalda esta idea, mostrando que nuestro cerebro está preparado para la adaptabilidad y la resiliencia. Claro que eso no ocurre solo: también necesitamos entrenarlo para enfrentar los retos, en lugar de evitarlos.

Nuestro cerebro no es algo fijo; tiene la capacidad de reconfigurarse. A este proceso se lo conoce como *neuroplasticidad*, y permite que el cerebro se reorganice creando nuevas conexiones neuronales como respuesta a la experiencia, el aprendizaje y los desafíos (Doidge, 2007). Cuando atravesamos situaciones difíciles, las rutas neuronales asociadas con la resolución de problemas, la regulación emocional y la resiliencia se fortalecen (Davidson & Begley, 2012). Si Rachel, a quien conocimos antes, se hubiera quedado atrapada en un ciclo basado en el miedo, su cerebro habría reforzado ese patrón de evitación, manteniéndola estancada. En cambio, los pequeños pasos que dio ayudaron a crear nuevas conexiones neuronales que fortalecieron su coraje, su adaptabilidad y su resiliencia.

A veces, bajo estrés, el pensamiento racional se bloquea. Esto suele ocurrir cuando enfrentamos situaciones desafiantes o cambios profundos en nuestra vida cotidiana. Cuando el filósofo Marcus Aurelius invitaba a ver los obstáculos como oportunidades, en el fondo estaba proponiendo un cambio de enfoque: reinterpretar las experiencias negativas, una técnica que hoy cuenta con respaldo de la neurociencia moderna (Beck, 2011). Al replantear su historia, Rachel logró activar su corteza prefrontal —la parte del cerebro responsable de las decisiones conscientes— en lugar de dejar que la amígdala tomara el control.

Verlo así nos permite entender que podemos cambiar activamente la forma en que nuestro cerebro responde a las situaciones, y eso nos ayuda a atravesar momentos difíciles. Además, cada pequeña victoria genera una dosis de dopamina, lo que nos motiva y nos impulsa a seguir adelante con más determinación. Al comprender este proceso, podemos reentrenar nuestra manera de pensar y convertir la adversidad en una herramienta para crecer.

Ahora veamos algunas preguntas de autorreflexión, basadas en el estoicismo y la neurociencia, que pueden ayudarte a abrazar el cambio, superar la adversidad y adaptarte a los desafíos de la vida:

Ejercicio 7: Los principios clave del estoicismo

1. Reflexiona sobre lo siguiente:

¿Qué puedo controlar?

- ¿Qué desafío actual en tu vida te resulta abrumador?
- ¿Qué partes de esta situación sientes que sí puedes controlar?
- ¿Qué partes sientes que están fuera de tu control?
- ¿Cómo podrías cambiar tu forma de responder y seguir adelante?

2. Ahora, piensa en esta pregunta:

¿Los obstáculos pueden ser oportunidades?

- Recuerda un momento de tu vida en el que enfrentaste algo que parecía un obstáculo imposible de superar.
- ¿Qué aprendiste de esa experiencia?
- ¿Cómo podrías abordar un desafío actual y convertirlo en una oportunidad de aprendizaje?
- ¿Qué fortalezas o habilidades podrían surgir si enfrentas esa situación de frente?

3. La percepción da forma a nuestra realidad. Cambiar la manera en que vemos los obstáculos puede transformar por completo nuestra experiencia:

Cambia tu percepción

- Cuando enfrentas dificultades, ¿cómo sueles percibir la situación: como una amenaza o como una oportunidad para crecer?
- ¿Qué pensamientos o creencias te impiden ver esa situación como una oportunidad de crecimiento?
- ¿Podrías cambiar tu perspectiva y ver las dificultades como escalones hacia adelante, en lugar de retrocesos?

4. Considera lo siguiente:

Da pequeños pasos

- ¿Qué pequeños pasos podrías dar hoy para empezar a enfrentar tu desafío actual?
- Piensa en cómo las pequeñas acciones pueden cambiar tu mentalidad, pasando de sentirte abrumado a sentirte con más poder y confianza.
- ¿Cómo puede tomar acción ayudarte a generar impulso y fortalecer tu confianza?

5. Mirar tus logros pasados puede darte una valiosa perspectiva sobre tu resiliencia:

Reflexiona sobre tus logros pasados

- Piensa en un momento del pasado en el que demostraste resiliencia frente a la adversidad.
- ¿Qué fue lo que te dio fuerza en ese momento?
- ¿Cómo lograste adaptarte para superar las dificultades sin perder de vista tus metas a largo plazo?

- ¿Podrías aplicar algunas de esas estrategias a tu situación actual?

6. Además:

Persevera en la incertidumbre

- Cuando enfrentas la incertidumbre, ¿cuál suele ser tu reacción? ¿Te rindes, te paralizas o buscas maneras de adaptarte?
- ¿Cómo puedes desarrollar paciencia y perseverancia cuando las cosas parecen estar fuera de tu control?
- ¿Qué significa para ti seguir avanzando, incluso cuando no tienes certeza sobre el resultado?

7. **Una vez que hayas reflexionado sobre los desafíos, piensa en cómo la adversidad ha impulsado tu crecimiento:**

Crecer a través de la adversidad

- Piensa en un error o fracaso reciente.
- ¿Qué lecciones aprendiste de esa experiencia?
- ¿Cómo puedes aplicar esas lecciones de ahora en adelante?
- ¿De qué manera tu desafío actual puede ayudarte a crecer?

8. Finalmente:

Adaptarte al cambio

- ¿Cómo puedes adaptarte a nuevas formas de enfrentar los desafíos?
- ¿Qué nuevas estrategias o perspectivas podrían ayudarte a superar esta dificultad?

- ¿Qué tan creativo puedes ser al abordar tu situación actual?

9. Reflexiona y sigue adelante:

- Piensa en el último mes, el último año o incluso la última década. Reflexiona sobre cómo tu resiliencia y tu capacidad de adaptación te ayudaron a atravesar desafíos o cambios.
- A partir de tus experiencias y aprendizajes, ¿qué acción concreta podrías tomar hoy para abrazar el cambio, superar un obstáculo o adaptarte de una manera que te ayude a fortalecerte aún más?

Al usar estas preguntas, puedes reflexionar sobre los desafíos que enfrentas hoy y encontrar nuevas formas de abordarlos. La reflexión te ayuda a seguir creciendo y a sentirte con más poder personal cuando la vida se vuelve impredecible o incierta.

Cultivar la resiliencia en la incertidumbre

La vida nos lanza desafíos de todo tipo. No importa por lo que estés pasando ahora —un cambio de carrera, una pérdida personal o un desafío inesperado—, la resiliencia es lo que nos ayuda a atravesar la incertidumbre. Perder un trabajo, una ruptura, un trauma, una pérdida… todos estos momentos ponen a prueba nuestra fortaleza, pero la resiliencia nos enseña algo clave: en lugar de resistirnos, aprender a movernos con el cambio.

La mentalidad tiene mucho que ver con esto. Como explica el psicólogo Martin Seligman (1991) en *Learned Optimism* (Optimismo aprendido), la manera en que interpretamos lo que nos sucede influye directamente en cómo respondemos a la adversidad. Cuando desarrollas una mentalidad optimista, es más probable que veas los contratiempos como algo temporal y puntual, y no como algo permanente o abrumador. En lugar de pensar *"¿por qué a mí?"*, prueba con esto: *"Esto es difícil, pero voy a salir adelante"*. A veces, el cambio empieza así de simple: cambiando la forma en que te hablas y piensas. Y créeme, esta es una habilidad que puedes desarrollar si empiezas a prestar atención a tus pensamientos y a tu diálogo interno.

Tal vez pienses que las personas resilientes son mentalmente fuertes, y en gran medida lo son. Pero más allá de la capacidad de recuperarse, también suelen ser emocionalmente inteligentes y tener un alto nivel de autoconciencia. Cuando reconoces tus emociones y entiendes de dónde vienen, puedes tomar decisiones más claras. Con el tiempo, esto fortalece tu resiliencia, a medida que aprendes a pausar, evaluar la situación y elegir una respuesta que realmente te ayude.

La resiliencia no se trata solo de resistencia. Se trata de saber cuándo ajustarte, cuándo avanzar y cuándo hacer una pausa. Piénsalo como un violín bien afinado: no es solo la fuerza de las cuerdas lo que importa, sino también la sensibilidad del oído del músico. Puede detectar el más mínimo cambio en el tono y sabe exactamente cuándo ajustar el arco. En momentos de tensión, el músico se adapta, se detiene y encuentra la armonía necesaria para crear algo hermoso. De la misma manera, la resiliencia implica desarrollar autoconciencia e inteligencia emocional para crear armonía en tu vida. Es ese delicado equilibrio entre fuerza y sensibilidad lo que marca la diferencia.

Si te preguntas cómo fortalecer tu resiliencia para atravesar cambios y transiciones difíciles, existen varias opciones.

Una de ellas es practicar la atención plena (*mindfulness*), que puede realizarse en cualquier lugar y en cualquier momento. Es verdaderamente transformadora cuando se trata de resiliencia, ya que enfocarte en el presente —en lugar de preocuparte por el futuro—

ayuda a reducir el estrés y la ansiedad. El libro *Wherever You Go, There You Are* (Dondequiera que vayas, ahí estás, 1994), de Jon Kabat-Zinn, es una guía práctica y profunda sobre la atención plena, y muestra que la resiliencia comienza en la mente. Una de las frases más inspiradoras del libro dice: *"No puedes detener las olas, pero puedes aprender a surfear."* En esencia, aunque no podamos controlar los desafíos de la vida (las "olas"), sí podemos desarrollar la capacidad de navegarlos y adaptarnos a ellos con una mentalidad serena y enfocada.

Si esto resuena contigo, la próxima vez que te sientas abrumado, detente un momento y toma tres respiraciones profundas. Enfócate en el presente y luego pregúntate: *"¿Qué puedo controlar en este momento?"*

Sin duda, ha habido momentos en los que te has sentido solo en medio de tus luchas o desconectado de los demás. Tal vez hayas querido aislarte de todo o intentar resolver las cosas por tu cuenta. Es comprensible. Sin embargo, las investigaciones muestran que la resiliencia está profundamente conectada con las relaciones que cultivamos y con el apoyo que recibimos, ya sea de amigos, familiares o mentores.

En *Option B: Facing Adversity, Building Resilience, and Finding Joy (2017)*, Sheryl Sandberg y Adam Grant exploran la resiliencia a partir de la experiencia de Sandberg tras la pérdida repentina de su esposo. Una de las lecciones más poderosas que comparten es que la resiliencia se fortalece cuando nos apoyamos en los demás. Ese apoyo puede ayudarnos a atravesar los momentos difíciles para salir de ellos más fuertes y con la capacidad de prosperar, sin importar lo que hayamos vivido.

Como mencioné al principio de este capítulo, el cambio suele venir acompañado de incertidumbre y miedo a lo desconocido. Pero en lugar de aferrarte a esos temores y asumir lo peor, ¿por qué no sentir curiosidad por lo que está ocurriendo? Esta es la mentalidad de crecimiento de la que también hablé antes, y es fundamental. Cuando logramos ver que una puerta que se cierra puede ser la oportunidad para que otra se abra, gran parte del miedo pierde fuerza.

Con eso en mente, ¿qué tal si reformulas tu manera de pensar? En lugar de decirte: "*¿Y si todo sale mal?*", pregúntate: "*¿Y si todo sale bien?*"

Aprendizaje clave:

Al cerrar este capítulo, quiero que recuerdes que, en la mayoría de los casos, el cambio no es algo que debas temer. Por el contrario, puede ser un poderoso catalizador de crecimiento y una oportunidad para redescubrirte o aprender algo nuevo. Cuando adoptas una mente abierta, el cambio puede fortalecer tu resiliencia. Te revela fuerzas que no sabías que tenías y te abre nuevas oportunidades.

Si estás atravesando un cambio difícil en tu vida, intenta cambiar tu perspectiva: en lugar de verlo como algo que te pasa *a* ti, míralo como algo que está pasando *para* ti. Sé que no es tan fácil como suena, pero créeme, es posible.

Da la bienvenida a la incertidumbre que trae el cambio, porque incluso en los momentos más duros podemos encontrar sentido y propósito. Intenta vivir más en el presente, enfocándote en lo que *sí* puedes controlar ahora. Con cada pequeño paso, imagina hasta dónde puedes llegar; con cada acción, estarás construyendo nuevas posibilidades. Y no olvides rodearte de una buena red de apoyo: no tienes que hacerlo todo solo. El cambio puede sentirse como un camino solitario, pero se vuelve mucho más llevadero cuando tienes compañía a lo largo del trayecto.

Cada minuto, cada hora, cada día, mes y año prometen un crecimiento increíble. Todo lo que necesitas es ser flexible, adaptable y seguir avanzando. Así que aquí va la pregunta final: ¿Cuál es un pequeño paso que puedes dar hoy?

CAPÍTULO 7

COMPARARTE TE DESTRUYE

"No tienes que demostrarle nada a nadie. Solo tienes que presentarte y ser tú mismo."
— Maria Shriver

¿Cuándo fue la última vez que te quedaste atrapado en los números? Likes, compartidos, seguidores… persiguiendo tendencias e influencers. Ahora mismo, la obsesión del momento es la búsqueda del llamado "cuerpo perfecto", impulsada por los medicamentos GLP-1, las fotos retocadas y las comparaciones interminables.

Pero el verdadero valor propio no se mide en estadísticas ni en la validación de las redes sociales. Tampoco se trata de encontrar a alguien —o algo— a quien culpar. No se trata solo de algoritmos, dietas de moda o del papel que juega la comunidad médica en los efectos secundarios de nuestras decisiones. El verdadero valor propio va mucho más allá. Se trata de entender el camino que nos trajo hasta aquí desde el principio.

¿Qué pequeñas decisiones diarias contribuyeron al peso extra que hoy sentimos presión por perder? ¿Por qué seguimos eligiendo relaciones que poco a poco desgastan nuestra confianza y bienestar? Explorar estas preguntas puede abrir la puerta a una mayor autocompasión y a un sentido de valor propio más honesto y duradero.

En realidad, la comparación nos empuja hacia afuera y nos lleva a buscar validación en los demás, pero la integridad nos llama hacia adentro, a mantenernos fieles a nuestros valores. Solo podemos experimentar un cambio real cuando dejamos de medirnos con estándares externos y empezamos a enfrentar nuestras propias verdades con honestidad, respeto propio y valentía. Debajo de las capas de expectativas, condicionamientos y comparaciones, ¿quién eres en realidad?

¿Eres la persona que tu entorno moldeó? ¿La versión de ti que se formó como respuesta a la dinámica familiar, al abuso, al abandono o al rechazo? ¿Has vivido toda tu vida tratando de alcanzar un ideal falso de quién deberías ser? Aunque todas esas experiencias puedan haberte moldeado, no te definen. Muy dentro de ti, tu yo auténtico está esperando ser liberado; solo necesitas quitar capa por capa para descubrirlo.

Es momento de dejar de simplemente sobrevivir y empezar una transformación que revele a la persona que siempre estuviste destinada a ser… tu verdadero yo. ¡Manos a la obra!

La trampa de la comparación constante

Es parte de la naturaleza humana compararnos con los demás; lo hacemos desde siempre. Nuestras mentes siguen programadas para preguntarse: *¿Soy lo suficientemente fuerte? ¿Lo suficientemente inteligente? ¿Encajo de verdad?*

En el pasado, este instinto era una habilidad de supervivencia que nos ayudaba a encontrar nuestro lugar dentro de las jerarquías sociales y en el mundo. Pero hoy, en esta era de comparación constante, se ha transformado en algo mucho más insidioso. Nos hemos obsesionado con cómo lucen los demás, qué están haciendo y qué tan exitosos son. Esta obsesión, cuando se lleva al extremo, puede ir desgastando silenciosamente nuestra confianza y bienestar, haciéndonos sentir inferiores o no lo suficientemente buenos.

La necesidad de compararnos comienza desde muy temprano. Desde la infancia, nos enseñan a medirnos según el desempeño de otros —ya sea en la escuela, por sus calificaciones, logros o incluso su apariencia—. La sociedad refuerza de forma sutil esta idea al vincular el éxito con la validación externa y la aprobación pública, en lugar de con la realización personal o la integridad.

Por ejemplo, si te encanta leer sobre historia y sabes más de lo que el programa exige, pero te cuesta rendir bien en un examen, podrías sentirte como un fracaso. Mientras tanto, tu mejor amigo estudia todo de memoria sin entenderlo realmente. Cuando saca puros dieces, el sistema lo considera "exitoso", aunque su conocimiento sea pasajero. La sociedad tiende a valorar más las notas, los premios y el reconocimiento que el crecimiento interno, la curiosidad y el dominio real de algo.

Esto no significa que tengamos que oponernos a la competencia sana, pero hay una gran diferencia entre obtener reconocimiento por mérito verdadero y celebrar logros vacíos. Cuando vemos cuerpos "perfectos", estilos de vida idealizados y las llamadas historias de "éxito" a nuestro alrededor, es fácil caer en la trampa de creer que esas personas son, de alguna forma, "mejores" que nosotros.

Algunos podrían decir que compararnos con los demás puede impulsarnos a mejorar, y eso es cierto, hasta cierto punto. Pero también puede llevarnos a la duda, la envidia, la insatisfacción y la infelicidad. No importa cuánto desees parecerte a una de las Kardashian, la realidad es que probablemente nunca te acerques —y aunque lo hicieras, ¿realmente eso aumentaría tu valor propio?

Si usas mucho las redes sociales, es importante recordar que lo que se ve no siempre es la realidad. Las imágenes editadas y filtradas en plataformas como Instagram pueden parecer increíbles, pero ofrecen una visión distorsionada de la vida. Ya se han documentado efectos negativos, sobre todo en mujeres jóvenes que pasan varias horas al día navegando en estas plataformas. Un estudio de 2018 realizado por Fardouly y otros investigadores encontró que solo 10 minutos de navegación en Instagram aumentaban la insatisfacción corporal en mujeres de entre 18 y 25 años. Si pasas suficiente tiempo viendo imágenes de belleza "idealizada" o del "cuerpo perfecto", es casi inevitable que empieces a sentir que tu propio cuerpo no está a la altura de esos ideales. Ahí es donde comienza a crecer la baja autoestima, junto con la ansiedad e incluso la depresión.

Otro estudio realizado por Tiggemann y Slater (2019) respaldó estos hallazgos, señalando que el uso de redes sociales genera "niveles más altos de insatisfacción corporal y menor aprecio por el propio cuerpo, tanto en adolescentes como en adultos jóvenes". En pocas palabras, cuanto más tiempo pasamos en plataformas como Instagram, más probable es que terminemos sintiéndonos insatisfechos con nuestra apariencia.

Aunque la mayoría de las investigaciones hasta ahora se han centrado en personas más jóvenes, otros estudios muestran que los adultos también enfrentan presión por el contenido cuidadosamente seleccionado que consumen. Por ejemplo, una revisión sistemática encontró que el uso de redes sociales entre adultos está relacionado con cambios en la autoestima, la ansiedad e incluso la depresión. Otro estudio reveló que los usuarios frecuentes de redes sociales tienden a sentirse más irritables, lo que sugiere que este hábito afecta su bienestar emocional. Así que, aunque a menudo hablemos de cómo estas plataformas influyen en los jóvenes, está claro que los adultos también sentimos su impacto.

Teniendo esto en cuenta, tiene sentido prestar más atención a cuánto consumimos redes sociales. Cuanto menos nos expongamos a contenido excesivamente editado, menos negatividad sentiremos hacia nuestra apariencia y nuestro valor propio. Pero no son solo las redes sociales las que pueden generar baja autoestima. En su libro *The Paradox of Choice (2004)*, Barry Schwartz sostiene que, en un mundo saturado de opciones, a menudo terminamos paralizados, abrumados e insatisfechos. Tendemos a enfocarnos en lo que nos falta, en lugar de enfocarnos en nuestro crecimiento personal y nuestros logros, y eso despierta nuestras inseguridades.

La "parálisis por decisión", de la que Schwartz habla en su libro, es real y nos mantiene en un estado constante de insatisfacción. ¿Cuántas veces has entrado a una zapatería solo para sentirte abrumado por la cantidad de estilos? Tenis, tacones, sandalias, zapatos de vestir... y todo lo demás. En lugar de disfrutar la abundancia de opciones, ¿te encuentras dándole vueltas a si estás haciendo la "mejor" elección? Hoy en día, la pregunta "¿Me veo bien con esto?" lleva mucho más peso, porque no se trata solo de nuestra apariencia. En realidad, lo que estamos preguntando es: "¿Encajo con lo que se considera aceptable?". En otras palabras, ¿voy a recibir la validación externa que necesito para sentirme bien conmigo mismo?

Con tantas opciones al alcance de la mano, es fácil perder de vista lo que de verdad queremos. Cuando nos encontramos en ese estado constante de indecisión, esa sensación de no ser suficientes se amplifica, y eso nos impide experimentar una verdadera satisfacción y plenitud.

En *The Happiness Hypothesis (2006)*, Jonathan Haidt explica cómo el mundo se ha vuelto mucho más grande en las últimas décadas. Antes solíamos compararnos con nuestros amigos, vecinos o compañeros de trabajo. Hoy nos comparamos con personas que probablemente nunca vamos a conocer, en cualquier parte del planeta. Cuando nuestra referencia es tan amplia, ¿cómo podemos sentirnos suficientes frente a celebridades, influencers y sus estilos de vida retocados con Photoshop?

Esa presión por mantener el ritmo se infiltra en todos los aspectos de la vida: las carreras profesionales, las relaciones, la crianza e incluso nuestros valores personales. Nos dicen cómo *debería* verse el éxito, y hay muy poca compasión hacia quienes no cumplen con esas expectativas tan poco realistas.

Primero está la cultura del *hustle*, que glorifica la productividad sin descanso. Luego viene la industria del bienestar, que nos bombardea con estándares de belleza imposibles. Y no olvidemos el modelo de la "familia perfecta", la carrera ideal o la vida social impecable que vemos en línea y en los medios, haciéndonos dudar de nuestras propias decisiones. Es fácil perder de vista nuestros valores más profundos en un mundo tan cuidadosamente editado.

La historia de Phyllis Hyman sirve como un recordatorio conmovedor del peligro de ceder a las presiones externas y perder contacto con nuestras verdades interiores. Una artista brillante y talentosa, Phyllis tuvo el mundo a sus pies desde los años 70 hasta principios de los 90, y comenzó a ganar reconocimiento muy temprano como corista antes de lanzar su carrera solista a fines de los 70 y durante los 80. Sus años de mayor éxito fueron en los 80, con temas como *You Know How to Love Me (1979)* y *Living All Alone (1986)*.

En 1995, se estaba preparando para un gran regreso en el Teatro Apollo de Nueva York cuando, pocos días antes de cumplir 46 años, falleció trágicamente a causa de una sobredosis. Se encontró una nota a su lado que decía: *"Estoy cansada. Estoy cansada. Aquellos a quienes amo, saben quiénes son. Que Dios los bendiga."*

A pesar de ser adorada por sus fans y colegas, Phyllis luchaba con problemas de salud mental, incluido el trastorno bipolar, y se sentía abrumada por presiones externas que le exigían más de lo que podía dar. La industria del entretenimiento, en especial, muchas veces la valoraba de formas que no honraban su autenticidad. Obligada a rendir por las ventas de discos y la imagen más que por su pasión creativa, terminó cayendo en las mismas presiones que muchos enfrentamos hoy: comer en exceso, buscar placer o descargar la ira como intentos de llenar el vacío dejado por años de no honrar su verdadero ser.

No estaba sola en esto. Muchos artistas y figuras públicas son presionados para encajar en moldes que satisfacen las expectativas de otros y, al igual que nosotros, cuanto más se adaptan, más se alejan de su identidad. La diferencia es que sus luchas suelen desarrollarse a la vista del público, y el trágico final de Phyllis Hyman muestra el devastador impacto de estas fuerzas en la salud mental y emocional.

¿Cuántas veces has dudado de ti mismo o cuestionado algo que antes te parecía correcto, solo porque alguien más lo hace diferente? La verdad es que cuestionarnos constantemente puede ser agotador, y cuanto más dejamos que las presiones externas nos moldeen, más nos alejamos de nuestro yo auténtico.

A esto lo llamo traición a uno mismo, porque cada vez que silenciamos nuestros propios deseos, valores o instintos para cumplir con las expectativas de otros, estamos erosionando nuestra autenticidad. Ya sea persiguiendo una carrera que odiamos, forzando a nuestro cuerpo a alcanzar estándares de belleza inalcanzables o buscando la aprobación de los demás, estamos entregando nuestra alma. ¿Qué es más importante: hacer lo que realmente nos llena o vernos bien desde afuera? Cuanto más nos dejamos arrastrar por los ideales externos, más difícil se vuelve reconocer qué es lo que en verdad nos hace felices. Nos olvidamos de detenernos y preguntarnos: *"¿De verdad quiero esto?"*

Hay una forma de liberarse de este ciclo sin fin, y todo comienza con la autoconciencia. En lugar de medir automáticamente tu valor según los ideales de otra persona, da un paso atrás y reflexiona:

- *¿Mis decisiones están basadas en mis valores o en la necesidad de encajar?*
- *Si las opiniones externas no existieran, ¿seguiría tomando las mismas decisiones?*
- *¿Qué significan para mí el éxito, la felicidad y la realización, en mis propios términos?*

No estoy diciendo que rechaces la ambición, la belleza o los logros, sino que te asegures de que tus metas sean realmente tuyas, y no solo una respuesta a la presión externa.

Esto no es fácil y requiere confianza, introspección y el valor de ir contra la corriente. Como dijo Brené Brown en *The Gifts of Imperfection (2022): "El verdadero valor propio no es algo que ganamos a través de logros o reconocimiento social; más bien, surge de abrazar la autenticidad."*

¿Y qué significa eso en la práctica? Significa hacernos cargo de nuestros defectos, inseguridades y luchas, en lugar de intentar ocultarlos o "arreglarlos". Aceptar que ser imperfectos no nos hace insuficientes, sino humanos. Vivir en coherencia con quien realmente somos es un bálsamo para el alma. Nos libera de las exigencias externas de ser alguien más y nos permite disfrutar de la vida en nuestros propios términos, con todo y nuestras imperfecciones.

Mantenerte fiel a tus valores ante la presión externa

El camino para mantenernos fieles a nuestro yo auténtico pasa por la integridad. Eso ocurre cuando nuestras acciones, decisiones y valores están alineados, sin importar lo que los demás estén haciendo. No hacerlo es como intentar llenar un vaso sin fondo con agua: nunca se llenará.

Cuando decimos sí a cosas que no nos hacen sentir bien, perseguimos metas solo para impresionar a otros o ajustamos nuestra vida para evitar el juicio externo, estamos comprometiendo nuestro sentido de integridad. Por otro lado, cuando confiamos en nuestras decisiones, vivimos según nuestros valores y no tenemos miedo de ir contra la corriente, estamos eligiendo la autenticidad por encima de la aprobación, incluso cuando eso resulta incómodo.

Stephen Covey habló de esto en *The 7 Habits of Highly Effective People (1989)*. Lo transformador de ese libro es que se enfoca en el crecimiento personal y la efectividad, con la integridad como uno de sus pilares. Covey enfatiza que la verdadera efectividad y el éxito provienen de vivir de acuerdo con principios universales y atemporales, no de perseguir la aprobación o el reconocimiento momentáneo de los demás.

Todos somos responsables de nuestras decisiones y reacciones, y eso sienta las bases para vivir con integridad. En lugar de tomar decisiones basadas en lo que la sociedad espera de nosotros, es mucho mejor guiarnos por nuestros principios. Esto vale más que cualquier aprobación pasajera que venga de afuera. La verdad es que la integridad no es un concepto moral abstracto del que se hable solo en círculos filosóficos: es una estrategia práctica para vivir una vida plena.

La integridad exige que seamos honestos con nosotros mismos, antes que nada. Pero ¿cómo hacerlo en un mundo donde sentimos una presión constante por encajar? Cultivar la integridad en la vida diaria es clave para adoptar nuevas formas de vivir —formas que nos hagan sentir completos, auténticos y valiosos por derecho propio.

Veamos cómo lograrlo:

1. Conéctate contigo mismo con regularidad

Tómate al menos un momento al día para hacer una pausa y conectar contigo. Apaga el piloto automático y desacelera lo suficiente para preguntarte: *¿Estoy haciendo X, Y o Z porque está alineado con mis valores... o porque me siento presionado a hacerlo?* Esto puede aplicarse al trabajo, a tus metas de salud o incluso a la forma en que te relacionas con los demás.

Por ejemplo, si estás tratando de escalar en tu carrera y te has convertido en una persona que siempre dice "sí" para lograrlo, ¿cómo se alinea eso con tu sentido de valor propio? Todas esas horas trabajando hasta tarde, sacrificando tu vida social o el tiempo con tu familia, puede que no valgan la pena a largo plazo. La realidad es que perseguir lo que creemos que se "espera" de nosotros no siempre lleva a un final feliz. Puede que un día despertemos agotados, o que nos demos cuenta de que nuestra carrera en realidad no nos llena. Cuando nos detenemos a preguntarnos qué es lo que realmente queremos, podríamos descubrir que hemos estado viviendo según la definición de éxito de otra persona.

Lo mismo pasa con las relaciones. ¿Cuántas personas conoces que permanecen en una relación no porque sean felices, sino porque sienten que deberían hacerlo? Tal vez tú mismo estés pasando por algo así. Cuando tu intuición te dice que algo falta, pero no quieres decepcionar a los demás, eso es una forma de traicionarte a ti mismo. Se necesita valor para aceptar esas verdades, pero honrarlas vale mucho más que intentar cumplir con las expectativas de los demás.

2. Establece límites: aprende a decir no cuando no te sirve

La amabilidad es una cosa, pero complacer a los demás a costa de tu bienestar es otra forma de traicionarte a ti mismo. Actuar con integridad significa respetar tus propios límites, incluso si eso decepciona o incomoda a otros. Es importante aprender a reconocer cuándo haces algo por obligación y cuándo lo haces por una verdadera disposición; por eso, los límites son tan necesarios.

Piensa en las veces que dijiste sí cuando en realidad querías decir *no*. ¿Cuántas veces aceptaste planes para los que no tenías energía, o reprimiste tus sentimientos para evitar un conflicto? Cada vez que lo hiciste, tal vez evitaste incomodar a alguien más, pero ¿a qué costo? Vivir con integridad significa practicar la autoconciencia y tener el valor de cuidar tu bienestar emocional y mental, incluso si eso implica decepcionar a otros de vez en cuando.

Si alguna vez has sentido rechazo o temor al asistir a reuniones familiares por una dinámica tóxica, pero aun así fuiste porque te sentías *obligado*, sabes exactamente a lo que me refiero. Aunque no es lo más fácil de hacer —y es probable que enfrentes algunas reacciones negativas—, establecer límites puede ayudarte a construir relaciones más saludables a largo plazo. Cuando solo te involucras en vínculos que se sienten sanos, es posible encontrar más paz y confianza en tus decisiones. Sé que decir no puede ser difícil, pero muchas veces es la única herramienta que tienes para proteger tu bienestar. ¡Una palabra tan simple, pero tan poderosa!

3. Acepta tus imperfecciones: la confianza nace de la autenticidad, no de la perfección

¿Crees que necesitas "arreglarte" para sentirte valioso? ¿Sientes la presión de cambiar tu apariencia, tener una carrera más exitosa, una casa más grande o creer que tienes que ser perfecto? ¿Cómo te sentirías si simplemente te mostraras tal como eres —sin filtros, sin disculpas—?

La autoaceptación es la base de la verdadera confianza. Cuando dejas de perseguir la perfección y abrazas tus defectos, rarezas y vulnerabilidades, te das permiso de ser plenamente humano —de ser plenamente tú—.

Piensa en las personas que más admiras en tu vida. Estoy completamente segura de que no es su perfección lo que te atrae, sino su autenticidad. Cuando pasas tiempo con alguien que puede reírse de sí mismo, admitir sus errores o mantenerse firme en quien es, eso resulta inspirador. Claro, todos tenemos fortalezas y debilidades, pero nuestra singularidad vale mucho más de lo que imaginamos. En lugar de quedarte atrapado en el ciclo de autocrítica y comparación, ¿no sería hermoso simplemente presentarte como tu yo auténtico, sin condiciones?

Piensa en las experiencias, fortalezas y perspectivas únicas que aportas, esas que nadie más puede ofrecer, y pregúntate:

- Si dejara de preocuparme por lo que piensan los demás, ¿cómo viviría mi vida de manera diferente?
- ¿Qué partes de mí he estado escondiendo o por las que me he estado disculpando?
- ¿Cómo puedo practicar la autoaceptación hoy, ya sea con pequeños o grandes gestos?
- La historia del valor propio comienza contigo, y no necesitas cambiar absolutamente nada para merecerlo.

4. Define el éxito en tus propios términos

El mundo constantemente nos dice cómo debería verse el éxito: dinero, estatus, reconocimiento. A donde sea que mires, alguna versión de "haberlo logrado" te salta a la cara: los autos lujosos, las vidas perfectas de Instagram, los premios interminables. Pero aquí está el punto: el verdadero éxito es profundamente personal. No tiene nada que ver con lo que parezca "genial" o deseable para otros. Definitivamente no se trata de cuántos seguidores, fans o "me gusta" tengas. El verdadero éxito es vivir tu vida de una manera que tenga sentido para ti.

¿Y cómo se ve una vida con significado? Solo tú conoces la respuesta, pero puedes empezar preguntándote qué valoras, qué te inspira y qué te hace sentir vivo.

Martin Seligman, experto en psicología positiva, habla de esto en su libro *Flourish (2011)*. Sostiene que el verdadero éxito no se trata de perseguir dinero o estatus, sino de vivir una vida en la que te sientas pleno, conectado y alineado con tus propios valores. Lo llama "florecer", porque cuanto mejor te sientas contigo mismo, más crecerás. No es importante cómo te vean los demás; aunque, si logras inspirarlos en el camino, eso es solo un bonito extra.

Así que la próxima vez que te encuentres midiendo tu éxito según lo que otros tienen o hacen, detente y pregúntate:

- ¿Qué es lo que realmente me hace sentir realizado, incluso si nadie más lo nota?
- ¿Qué significa el éxito para mí, según mis propios términos?
- ¿Cómo se ve una vida significativa y plena para mí, y no para nadie más?

Cuando tomas decisiones que están alineadas con tus valores y vives de una forma que se siente auténtica, empiezas a descubrir la verdadera definición de éxito.

Construir integridad y celebrar tu propio camino

¿Cómo puedes salir del ciclo de la comparación y empezar a vivir con integridad? Puedes comenzar haciéndote tres preguntas simples cada vez que te sientas inferior en comparación con los demás:

- ¿Esta comparación me motiva o me hace sentir peor?
- ¿Por qué estoy comparando mi realidad con los cinco segundos editados de la vida de otra persona?

- ¿Me sentiría diferente si no tuviera acceso a esta información?

Al hacerte estas preguntas, te ayudas a romper el ciclo automático de la comparación que te arrastra hacia la duda y la inseguridad. En cuanto tomas conciencia de cómo te sientes realmente, puedes empezar a cambiar tu forma de pensar.

Hazte un gran favor: toma un descanso de las redes sociales o, al menos, reduce el tiempo que pasas en ellas. Cuando lo hagas, empezarás a recuperar perspectiva. Y, más importante aún, sé selectivo con lo que consumes y a quién sigues. Deja de seguir a cualquier persona o cuenta que te empuje a compararte o te haga sentir menos. En su lugar, crea un espacio lleno de personas que te inspiren, que compartan logros reales y mensajes positivos. Puede parecer un paso pequeño, pero puede ser sorprendentemente transformador.

Otra herramienta poderosa para mejorar tu bienestar es practicar la gratitud. Más que solo pensar en cosas positivas, la gratitud te ayuda a enfocarte en lo que ya tienes, en lugar de quedarte atrapado en lo que te falta. Los estudios han demostrado que las personas que llevan un diario de gratitud a diario experimentan mayores niveles de satisfacción con la vida y menos estrés (Emmons & McCullough, 2003). Por ejemplo, si te sientes envidioso del éxito financiero de alguien, escribe tres cosas por las que estés agradecido hoy: puede ser el sol, una nueva oportunidad o simplemente tu salud. Puedes hacerlo en cualquier momento del día; yo suelo hacerlo justo antes de dormir. Me ayuda a descansar mejor y a despertar con una sensación de calma y plenitud.

Detenerte a agradecer puede ayudarte a apreciar todo lo que tienes en la vida y evitar sentirte insatisfecho o "no suficiente".

Hace falta valor para seguir tu propio camino y arriesgarte a no agradarle a todos. Este es el tema de un excelente libro de Ichiro Kishimi y Fumitake Koga, titulado *The Courage to Be Disliked (2018)*, que se basa en la idea de que no debemos basar nuestro valor ni nuestra felicidad en la aprobación de los demás. En cambio, se trata de dar pasos hacia una vida auténtica, alineada con nuestros propios valores, incluso si otros no lo entienden o no lo aprueban.

Imagina lo liberador que puede ser soltar la necesidad de validación externa y desafiar las ideas convencionales que dicen que tu valor depende de cuánto te aprueban o te aceptan los demás. Cuando llegas a ese punto, empiezas a tomar decisiones alineadas con tu propósito y tu sentido de integridad.

Ejercicio 8: La necesidad de aprobación

Este ejercicio te invita a reconocer en qué áreas podrías estar buscando la aprobación de los demás y cómo empezar a tomar decisiones alineadas con tus propios valores.

Reflexiona sobre la validación externa en tu vida

- ¿En qué áreas de tu vida buscas aprobación de los demás? (por ejemplo: carrera, apariencia, relaciones).
- ¿Cómo influye esa búsqueda de aprobación en tu autoestima y en tu felicidad?

Conecta con tus valores principales

- Escribe cuáles son tus tres valores principales (por ejemplo: honestidad, creatividad, independencia).

Práctica de escenario

- Piensa en una situación reciente en la que te hayas sentido dividido entre ser auténtico y buscar aprobación.

- ¿Cómo cambiaría tu decisión si la tomaras desde tus valores principales, en lugar de basarte en las opiniones de los demás?

Pasa a la acción

- En las próximas 24 horas, toma una decisión basada en tus valores, no en la aprobación de los demás.

Reflexión

- Después de tomar tu decisión, reflexiona sobre cómo te sentiste. ¿Te hizo sentir más libre o te desafió a salir de tu zona de confort?

Un ejemplo extraordinario de alguien que todos conocemos y que actuó con integridad y en coherencia con sus valores es Mahatma Gandhi. Líder del movimiento de independencia no violenta de la India contra el dominio colonial británico, Gandhi encarnó el valor de mantenerse fiel a sus principios, incluso cuando eso significaba ser rechazado. Su compromiso con la no violencia, la verdad y la justicia social lo convirtió en una piedra en el zapato para las autoridades británicas y, aunque enfrentó una fuerte oposición, se negó a ceder. Incluso estuvo dispuesto a ir a prisión por sus creencias, algo que ocurrió tras la famosa Marcha de la Sal. Lejos de buscar poder o beneficio personal, eligió vivir una vida sencilla que reflejara sus valores.

Fue rechazado tanto por los gobernantes británicos —que lo veían como una amenaza a su control— como por algunos líderes indios, que creían que la agresión era el único camino hacia la independencia. Aun así, Gandhi se mantuvo firme a pesar de las injusticias, las críticas y la violencia. No le interesaban la aprobación ni la adoración pública, pero sus acciones cambiaron el curso de la historia. A través de su liderazgo en el movimiento independentista de la India, demostró que un régimen colonial podía ser derrocado de forma pacífica: una idea revolucionaria que transformó la resistencia política en todo el mundo.

El enfoque de Gandhi hacia la resistencia pacífica inspiró más tarde a líderes como Martin Luther King Jr., quien utilizó la no violencia en el movimiento por los derechos civiles en Estados Unidos, y Nelson Mandela, quien luchó contra el apartheid en Sudáfrica. La influencia de Gandhi fue más allá de la política: dio forma a movimientos modernos por los derechos humanos, la libertad y la justicia social en todo el mundo.

Su vida demuestra cómo actuar con integridad puede inspirar a otros, incluso sin proponérselo. Sus famosas palabras, "Sé el cambio que quieres ver en el mundo", son un recordatorio atemporal del poder de la integridad personal, más allá de la validación o la crítica externa.

No tienes que ser Gandhi ni querer cambiar el mundo entero. Solo sé tú mismo y cambia tu mundo, te guste a quien le guste.

Aprendizaje clave:

Nos comparamos todo el tiempo. El problema aparece cuando esas comparaciones empiezan a debilitar nuestro sentido de valía y nos hacen sentir que no somos suficientes tal como somos.

Hoy ya no nos comparamos solo con un pequeño círculo de amigos o conocidos: todo se volvió global. Estamos constantemente expuestos a desconocidos que proyectan sus ideas de perfección, belleza y éxito. No es raro, entonces, que esta comparación constante nos deje sintiéndonos ansiosos, insuficientes y desconectados de quienes somos en realidad. Cuando elegimos vivir con integridad y mantenernos fieles a nuestros valores, podemos dejar de perseguir las versiones de éxito de los demás y volver a enfocarnos en lo que de verdad importa para nosotros.

Depende de nosotros romper el ciclo de la validación externa y ser honestos con nosotros mismos. Al final, todo se reduce a una pregunta simple: ¿mis acciones están alineadas con mis valores y reflejan quién soy realmente? Cuando tomamos distancia de las redes sociales, practicamos la gratitud y redefinimos lo que el éxito significa para nosotros, empezamos a liberarnos de expectativas externas que no nos hacen bien. Aceptar nuestras imperfecciones y definir —o redefinir, cuando haga falta— el éxito en nuestros propios términos nos ayuda a construir una autoestima genuina y una vida más plena.

Recuerda esto: la verdadera satisfacción nace de vivir tu vida con autenticidad e integridad. Suelta la necesidad de ser perfecto y deja de compararte con ideales irreales. Como dice Brené Brown: "Adueñarnos de nuestra historia y amarnos a través de ese proceso es lo más valiente que haremos jamás." Cuando descubres el poder de ser tú mismo sin pedir disculpas, accedes a una vida mucho más plena de lo que cualquier comparación podría ofrecer.

Celebra tus propios logros. Valora tus avances, por pequeños que parezcan. Respeta tus valores y cuida tu bienestar. Y pregúntate con honestidad: ¿Estoy viviendo en coherencia con quien realmente soy? Si la respuesta es sí, eso es todo lo que importa.

CAPÍTULO 8

FILTRANDO EL RUIDO

"Dentro de ti hay una quietud y un refugio al que puedes retirarte en cualquier momento para ser tú mismo."
— Hermann Hesse

Es difícil concentrarnos en un mundo tan ruidoso. Hoy, las distracciones nos llegan desde todos lados y de mil formas distintas, haciéndonos sentir dispersos, ansiosos y desconectados. Entre el zumbido constante del teléfono, las notificaciones "urgentes" y la presión de estar siempre disponibles, es normal preguntarnos por qué nos cuesta tanto enfocarnos en una sola cosa. Esta exigencia de estar al día con todo resulta agotadora: nos genera niebla mental y nos hace perder claridad.

¿Con qué frecuencia te pasa que no logras concentrarte? Te sientas a hacer algo con la intención de terminarlo y, sin darte cuenta, pasas media hora atrapado en distracciones que solo te hacen perder el tiempo. No estás solo. De hecho, conozco a muchas personas que parecen adictas al ruido constante: "ven" una película en su plataforma de streaming favorita mientras hacen doom scrolling, hasta perder tanto el hilo de la historia como la energía.

Pero ¿sabes qué es peor que perder el tiempo con distracciones externas? Perder la sensación de control y sentirte improductivo, algo que, con el tiempo, termina llevándote a cuestionar tu propio valor.

Identificar y minimizar las distracciones

¿Cómo logran esto las distracciones? Muy fácil: haciéndonos sentir culpables por no ser lo suficientemente productivos. A esto se le conoce como el bucle de culpa por productividad, y suele verse más o menos así:

Empiezas el día con un plan claro, quizá con una tarea o un proyecto importante en mente. Pero antes de empezar, revisas el correo… y un mensaje lleva a otro. Sin darte cuenta, ya estás respondiendo mensajes, revisando redes sociales y viendo videos aleatorios en YouTube. Pasa una hora y no has avanzado nada en lo que realmente importaba, y ahí es cuando aparece la frustración. ¿Qué te dices a ti mismo? *"Debería haber sido más disciplinado. Perdí toda la mañana"*. Este ciclo de culpa por productividad, cuando se repite una y otra vez, puede terminar afectando tu autoestima, porque empiezas a asociar tu valor personal con tu capacidad (o incapacidad) para "hacer cosas". Es fácil sentir que estás fallando, incluso cuando el problema no es que no puedas completar la tarea, sino que te falta una mejor gestión de la atención.

Cada vez que nos distraemos, nos alejamos del estado de enfoque profundo y nos acercamos más a un estado de fragmentación mental. En ese punto, nuestros procesos mentales se dividen en partes más pequeñas y menos conectadas entre sí, lo que hace más difícil concentrarnos, pensar con profundidad o retener información. En su libro *Deep Work (2016)*, Cal Newport explica cómo las distracciones modernas —especialmente las digitales— contribuyen a esta fragmentación de la atención.

Antes, el *multitasking* se veía como una gran habilidad. Hoy, sin embargo, sabemos que cambiar de tarea constantemente reduce nuestra capacidad de hacer un trabajo profundo y enfocado. La verdad es que nuestro cerebro no está hecho para el multitasking, por más que hayamos llegado a creerlo. Las investigaciones muestran que una persona promedio se distrae cada 40 segundos cuando trabaja en una computadora, y que puede tardar hasta 29 minutos en recuperar por completo la concentración. El experto en productividad Chris Bailey señala que nuestra atención es uno de nuestros recursos más valiosos, y aun así solemos desperdiciarla sin darnos cuenta (2018). Para rendir a nuestro máximo nivel cognitivo, necesitamos que el cerebro funcione en un estado de "trabajo profundo", y eso significa una sola cosa: sin distracciones.

¿Cuántas veces te has sentado a ver una película y la pausas cada pocas escenas para revisar el teléfono? Seguramente has notado que la historia deja de fluir y empiezas a perder el hilo. Y cuando haces esto durante todo el día, saltando constantemente de una cosa a otra, ¿cómo podrías involucrarte de verdad en algo?

Y no solo se trata de agotar nuestra energía mental. Los neurocientíficos han descubierto que este tipo de comportamiento también provoca fatiga de decisión, un estado en el que incluso las elecciones más pequeñas se sienten abrumadoras (Baumeister et al., 1998). Cuanto más cansancio mental acumulamos, más se debilita nuestra confianza y empezamos a dudar de nuestras capacidades y decisiones. La realidad es que nuestro cerebro solo puede manejar cierta cantidad de decisiones antes de "agotarse" y comenzar a tomar decisiones poco acertadas.

Recuperar el enfoque no tiene que ver únicamente con ser más productivos; también está profundamente relacionado con la forma en que nos tratamos a nosotros mismos. Cada vez que dejamos que las distracciones dicten nuestros días, reforzamos la idea de que nuestro tiempo y nuestra energía no son valiosos. Cuando retomamos el control de nuestra atención, nos enviamos un mensaje distinto: *Soy capaz de hacer un trabajo profundo y con propósito. Tengo el control de mi mente.*

Esa sensación de control fortalece nuestra confianza y nos inspira a volver a creer en nosotros mismos. Nos saca del ciclo de culpa por productividad y nos recuerda que somos dignos de nuestra propia atención y enfoque.

¿Cómo podemos hacerles frente a las distracciones? Hay varias formas, una vez que entendemos lo que realmente está pasando en nuestro cerebro. La neurociencia nos muestra que podemos ignorar las distracciones cuando aprendemos a dejarlas pasar, en lugar de simplemente intentar concentrarnos con más fuerza. En este proceso, las ondas cerebrales alfa ayudan a suprimir las distracciones y a mantenernos enfocados en la tarea que tenemos delante. Pero estas ondas no funcionan a su máximo potencial cuando estamos cambiando de actividad todo el tiempo o revisando el teléfono cada pocos minutos. Al final, lo que hacemos influye directamente en nuestro estado interno, incluso cuando no somos plenamente conscientes de ello.

El impacto de la tecnología en el enfoque y el valor personal

Cuando se trata de los teléfonos, hay algunos cambios simples que podemos hacer en la forma en que los usamos, como desactivar las notificaciones o usar apps que bloqueen las redes sociales. Cal Newport habla del minimalismo digital, que consiste en eliminar la tecnología no esencial para recuperar nuestra capacidad de pensar con profundidad y crear. Pero, como todos sabemos, eso es mucho más fácil decirlo que hacerlo, sobre todo cuando nuestros dispositivos están diseñados para mantenernos enganchados. Y no se trata solo de que los teléfonos nos distraigan. También necesitamos reconocer cómo la tecnología moldea nuestra atención y, en última instancia, nuestra autoestima. Cuando perdemos el enfoque una y otra vez, no solo estamos luchando con el manejo del tiempo; hay otra batalla más profunda que se libra bajo la superficie: la sensación de que no estamos cumpliendo con nuestras propias expectativas. Y mientras nos castigamos por no ser lo suficientemente buenos o eficientes... ¿adivina quién aparece? ¡La procrastinación!

Como las distracciones hacen que concentrarnos sea más difícil, solemos elegir el camino de menor resistencia. Preferimos ocuparnos de tareas más simples en lugar de enfrentar las más importantes. A esto se le llama procrastinación estructurada: una técnica de evasión que muchas veces trae consecuencias serias. Revisar los correos en lugar de avanzar con un proyecto grande parece una opción fácil, pero la sensación de no haber hecho lo más importante deja un sabor amargo. Nos atrasamos, no cumplimos objetivos y, en algunos casos, incluso llegamos a sentirnos como un fracaso total.

Y luego está la trampa de la dopamina, esa que nos atrae con la gratificación instantánea. Responder mensajes, ver un video corto... todas estas acciones nos dan un pequeño "ping" en el cerebro, un golpe de dopamina. Vivimos en una cultura de los dos minutos, donde valoramos la rapidez y la eficiencia por encima de todo: ¡lo queremos todo ya! Desde la comida rápida y la moda rápida hasta los *shorts* y los *reels*, todo tiene que ser inmediato y en porciones pequeñas. Estamos tan acostumbrados a recibir recompensas rápidas que casi hemos olvidado lo que significa tener paciencia, porque eso exige demasiado esfuerzo.

Por otro lado, el trabajo profundo requiere gratificación tardía, algo difícil de buscar cuando estamos tan acostumbrados a la recompensa inmediata. Esto puede generar frustración, porque exige un esfuerzo sostenido, algo que muchos hemos dejado de practicar, igual que el ejercicio físico. Y entonces, la procrastinación se vuelve todavía más tentadora. ¿Quién elegiría esperar una recompensa cuando puede obtener satisfacción al instante? ¿Por qué, por ejemplo, a tantos nos cuesta leer una novela de principio a fin, pero no tenemos problema con mensajes cortos? ¿Será que ya ni siquiera hacemos el intento?

Este es el centro del problema de las distracciones: la verdadera satisfacción no viene de soluciones rápidas. Surge del esfuerzo constante y del crecimiento. El desafío está en aprender a resistir el impulso de las recompensas instantáneas y optar por algo con más significado. En el fondo, necesitamos volver a entrenar nuestro cerebro para tolerar la gratificación tardía sin frustrarnos. Y ahí es donde entran en juego los límites intencionales con la tecnología y las estrategias para crear nuevos hábitos.

En lugar de vivir en un estado reactivo —con la urgencia de responder mensajes y siempre al borde del siguiente golpe de dopamina—, necesitamos estar más presentes y comprometidos. Cuando reaccionamos de forma automática a los estímulos externos, dejamos de elegir conscientemente cómo usamos nuestro tiempo. Nos sentimos distraídos, sin control sobre nuestra vida y, con el tiempo, perdemos la confianza en nuestra capacidad de lograr algo valioso. En cambio, completar un trabajo profundo y enfocado nos da una fuerte sensación de logro y refuerza la confianza en nosotros mismos. Es la diferencia entre correr una carrera de 100 metros y una maratón de 40 kilómetros: una requiere un estallido rápido de energía; la otra, ritmo, resistencia y constancia.

Mantener el rumbo y terminar un trabajo profundo y enfocado nos permite ver que somos capaces de lograr cosas importantes, lo que fortalece nuestra autoestima y alimenta nuestro crecimiento personal.

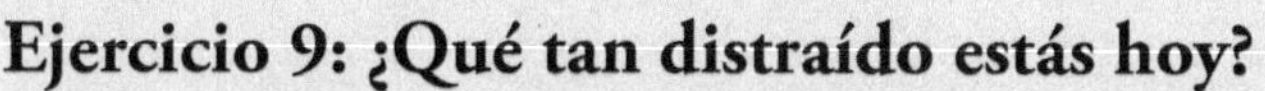

Ejercicio 9: ¿Qué tan distraído estás hoy?

Tómate un momento para pensar en tu relación con las distracciones, la gratificación instantánea y tu autoestima. Para hacerlo, reflexiona con calma sobre las siguientes preguntas:

1. Entender tus distracciones

¿Qué distracciones suelen alejarte con más frecuencia del trabajo con propósito o de las actividades que realmente te importan?

¿Cómo te sientes después de pasar una hora en redes sociales, haciendo *scroll* sin parar?

¿Qué situaciones o emociones hacen que seas más propenso a buscar esas distracciones?

2. Explorar la gratificación instantánea y la gratificación postergada

¿Cuándo fue la última vez que elegiste la gratificación instantánea y luego te sentiste frustrado o arrepentido?

¿Recuerdas alguna ocasión en la que resististe una distracción y después te sentiste orgulloso de haberlo hecho?

¿Cómo te sientes cuando realizas un trabajo profundo, en comparación con cuando haces tareas rápidas y superficiales?

3. Evaluar el impacto en tu autoestima

¿Crees que tu productividad está ligada a tu autoestima? ¿Por qué sí o por qué no?

¿Qué tan seguro te sientes de ti mismo cuando pierdes el enfoque o procrastinas?

¿Qué te dices a ti mismo cuando permites que las distracciones tomen el control de tu tiempo?

4. Establecer límites intencionales

¿Cómo sería, para ti, un entorno de trabajo ideal si estuviera libre de distracciones?

¿Qué cambio podrías hacer hoy mismo para reducir una distracción importante en tu vida?

¿Cómo puedes recordarte que tu tiempo y tu enfoque son valiosos?

5. Construir un hábito de enfoque sostenible

¿Cómo puedes practicar la gratificación postergada en tu vida diaria?

¿Cómo podrías hacer que el trabajo profundo sea más disfrutable o gratificante?

¿Cómo puedes comprometerte con un objetivo o proyecto a largo plazo con enfoque y paciencia?

Estas preguntas están pensadas para ayudarte a identificar tus patrones, reconocer el impacto más profundo de las distracciones y dar pasos significativos hacia un mayor enfoque y una autoestima más sólida.

Ahora que ya has tenido la oportunidad de pensar en los hábitos y patrones que quieres cambiar, veamos algunos pasos prácticos que puedes dar para reentrenar tu cerebro y pasar de las distracciones instantáneas a la gratificación postergada:

1. Deja atrás el hábito de la dopamina

- Desactiva las notificaciones que no sean esenciales en tu teléfono. Si no es urgente, no necesitas responder a cada sonido o alerta. También puedes usar apps como *Freedom* o *Forest* para bloquear distracciones.
- Elimina las aplicaciones que compiten constantemente por tu atención o, al menos, sácalas de la pantalla principal. Guárdalas en una carpeta protegida con contraseña para que acceder a ellas no sea tan automático.
- Tómate descansos del teléfono a lo largo del día y define momentos específicos como pausas sin pantalla, a modo de "ayuno digital". Incluso puedes colocar un letrero de No molestar en un lugar visible para ayudarte a reducir la sobreestimulación.

2. Reentrena tu cerebro con pequeñas victorias

- Aplica la "regla de los 10 minutos" y resiste la tentación de revisar el teléfono durante ese tiempo. En poco tiempo notarás que la urgencia pasa.
- Plantéate microdesafíos, como comprometerte a leer durante diez minutos antes de dormir en lugar de revisar el teléfono una última vez. A medida que tu concentración mejore, aumenta ese tiempo poco a poco.
- Y recuerda: no se trata solo de los resultados. El esfuerzo también cuenta. Celebra cada pequeño logro. ¡Sí puedes!

3. Reconstruye tu capacidad de atención

- Cuando necesites concentrarte, pon un temporizador de entre 25 y 45 minutos para trabajar sin interrupciones y luego tómate un descanso. Con el tiempo, notarás que puedes ir aumentando ese período de enfoque.
- Leer textos largos se ha vuelto difícil para muchas personas, pero conviértelo en una meta sencilla: comprométete a leer un capítulo de un libro al día. Pronto redescubrirás el placer de una buena lectura en lugar de conformarte con unos pocos comentarios en redes sociales.

4. Haz que la gratificación instantánea sea más difícil

- Apaga tu teléfono por completo o déjalo en un lugar fuera de tu vista.
- Usa bloqueadores de sitios web como *Freedom* o *Cold Turkey* para limitar distracciones.
- Crea un espacio dedicado y libre de distracciones, y establece un pequeño "ritual de enfoque": música suave, un té de hierbas o una vela aromática pueden ayudarte a entrar en ese estado mental.

5. Redefine el "esfuerzo" como algo disfrutable

- En lugar de pensar "tengo que trabajar en esto", cambia el diálogo interno por "puedo concentrarme en algo que realmente importa".
- Convierte tus sesiones de enfoque en un juego: desafíate a mantenerte concentrado durante 30 minutos sin distraerte.
- sEmpieza a recordarte que eres una persona que valora el enfoque profundo y elige no dejarse llevar por las distracciones.

¿Se te ocurren otras formas de reducir las distracciones en tu vida?

A través de pequeños cambios intencionales, puedes reentrenar tu cerebro para resistir la gratificación instantánea y abrirte a un trabajo con verdadero significado. Con práctica, irás sintiéndote cada vez más en control de tus decisiones y experimentarás una sensación más profunda de satisfacción.

Tu atención es una de las cosas más valiosas que tienes. Da forma a tus pensamientos, impacta tu trabajo y, en última instancia, influye en cómo te ves a ti mismo. Si te has perdido entre la niebla mental de los estímulos rápidos y los feeds interminables, es momento de recuperarla. Tú sabes que mereces enfoque profundo, trabajo con significado y tu propio tiempo, ¿verdad? Siempre habrá distracciones ahí afuera, pero cada vez que eliges la profundidad por encima de la distracción, en realidad estás eligiendo invertir en ti.

Cuando establecemos límites y definimos de manera intencional con qué estamos dispuestos a involucrarnos, nos enviamos mensajes poderosos como estos:

Mi tiempo y mi atención son valiosos.

Puedo tomar el control de mi vida y enfocarme en lo que realmente importa, no en lo trivial.

Merezco tiempo sin interrupciones.

En lugar de consumir pasivamente todo lo que se cruza en nuestro camino, podemos empezar a crear nuestra vida de forma consciente y reconstruir la confianza en nosotros mismos, paso a paso.

Una de las formas más poderosas de contrarrestar las distracciones y la sobreestimulación digital es practicar la atención plena (*mindfulness*): la práctica de enfocar intencionalmente la atención en el momento presente, sin juzgar. Al anclarnos en el aquí y ahora, cultivamos conciencia y recuperamos el control sobre nuestra atención. Cuando estamos verdaderamente presentes, recuperamos el enfoque. Y más que eso, recordamos algo fundamental: nuestro valor no está determinado por algoritmos, notificaciones ni validaciones en línea.

Practicar la atención plena (*mindfulness*) para mantener claridad

La tecnología no es lo único que compite por nuestra atención y nuestro tiempo. En esta era de cambios constantes, giros políticos, incertidumbre económica y la creciente urgencia del cambio climático, casi todo a nuestro alrededor puede convertirse en una fuente de distracción en la vida diaria. El mundo que nos rodea genera mucho ruido, reclamando nuestra atención y ocupando espacio en nuestra mente.

Si sigues las noticias, probablemente estés muy consciente de los informes angustiantes y de los titulares constantes sobre devastación ambiental, guerras, conflictos sociales e inestabilidad política. Todo esto genera ansiedad por el estado del mundo y nos deja sintiéndonos abrumados e impotentes. ¿Cómo podemos enfocarnos en lo que realmente importa cuando estamos rodeados por el ruido constante de la inestabilidad, los conflictos y los acontecimientos dolorosos que suceden a nuestro alrededor? Y no se trata solo de ruido físico: también es emocional y mental.

Los problemas que parecen mucho más grandes que nosotros pueden provocar parálisis, ansiedad y una profunda sensación de impotencia. El cambio climático, por ejemplo, aparece constantemente en los titulares, ya sea por fenómenos meteorológicos extremos, catástrofes naturales impulsadas por el calentamiento global o la incertidumbre sobre lo que nos espera en el futuro.

Como alguien cuya vida se vio afectada por los devastadores incendios forestales que azotaron el condado de Los Ángeles en 2025, sé de primera mano lo que se siente estar a merced de la naturaleza.

Provocados por los fuertes vientos de Santa Ana, las condiciones de sequía extrema y, aparentemente, la negligencia de *Southern California Edison* (SCE), los incendios tuvieron un impacto devastador. Más allá de las pérdidas económicas, el costo emocional y mental fue igual de profundo. Ver tu casa, tu vecindario o paisajes familiares consumidos por el fuego deja una sensación intensa de pérdida e impotencia. Y el trauma no termina cuando las llamas se apagan: el aumento del estrés y el miedo constante a que otro desastre vuelva a ocurrir tienen un efecto real y duradero en la salud mental.

También está el duelo colectivo: presenciar cómo un entorno se reduce a cenizas y cargar con el peso emocional de todo lo que se ha perdido. Comunidades que antes se sentían estables pueden, de un momento a otro, sentirse inseguras y vulnerables. Cuando desastres como estos se transmiten en vivo en todo el mundo, también generan una sensación global de temor y desesperanza, incluso en quienes están a miles de kilómetros de distancia.

Los cambios políticos que ocurren alrededor del mundo también pueden hacernos sentir que debemos permanecer pegados a las pantallas, por miedo a perdernos algo que pueda afectarnos directamente. Pero cuando nos dejamos absorber por el mundo externo las 24 horas del día, los 7 días de la semana, es fácil perder de vista nuestro propio rumbo.

Por supuesto que necesitamos estar al tanto de lo que sucede a nuestro alrededor, en nuestra comunidad y en el mundo en general. El problema aparece cuando esa atención se convierte en distracción. Cuanto más nos dejamos absorber por todo lo que ocurre, más fácil es perder de vista nuestras propias necesidades y prioridades. El riesgo es involucrarnos tanto en estos temas que terminemos descuidando nuestro bienestar. Necesitamos recordar que no estamos definidos por lo que pasa en regiones lejanas, ni que nuestro valor se mide por cada crisis global. Lo importante es relacionarnos con el mundo cuando corresponde, sin olvidar que también necesitamos paz interior para poder crecer y florecer.

A veces, esto puede ser tan simple como ver menos noticias, no participar en todas las conversaciones sobre la última tragedia o resistir el impulso de opinar en cada debate político. Si sentimos que *debemos* estar siempre al día con lo último, vale la pena preguntarnos cuál es el costo emocional de eso para nuestro bienestar. Este ruido externo puede volverse muy dañino cuando nos exponemos en exceso, porque la información que consumimos empieza a moldear quiénes somos y qué valoramos.

Si sientes que no has hecho lo suficiente para prevenir el cambio climático o apoyar la causa "correcta", es posible que empieces a dudar de tu propio valor. Cuando haces scroll en redes sociales y ves imágenes de bosques en llamas, glaciares derritiéndose o niños pasando hambre, es natural querer ayudar. Pero entre el trabajo, la familia y las responsabilidades diarias, quizá sientas que tu capacidad para actuar es limitada. Y al ver a otras personas firmando peticiones, asistiendo a protestas o mostrando sus decisiones de vida sustentables, puede empezar a surgir la sensación de que no estás haciendo lo suficiente. La culpa puede tomar el control y, en lugar de impulsarte a actuar, paralizarte. ¿De verdad tu autoestima debería medirse por lo que haces frente a cada crisis global? Es una carga muy pesada para llevar, ¿no?

Nuestro valor no depende de estar en acción constante, sino de reconocer nuestras limitaciones y hacer lo que está a nuestro alcance. Al final, ya lo hemos dicho antes: el valor personal no es algo que se gana; es un proceso interno que necesitamos cultivar.

Entonces, ¿dónde entra la atención plena (*mindfulness*) en todo esto?

La atención plena no es solo una herramienta para mejorar la concentración individual; también es una forma de reconectarnos con nuestros valores y con nuestra sensación de control. Cuando todo a nuestro alrededor se siente caótico, la atención plena nos ayuda a filtrar el ruido y a enfocarnos en lo que realmente importa en ese momento. Se trata de entrenar nuestra mente para mantenernos presentes en medio de la vida cotidiana: notar hacia dónde va nuestra atención y *elegir* conscientemente si queremos seguirla o no.

Cuando practicamos atención plena, aprendemos a observar el caos del mundo sin dejarnos consumir por él. Seguimos preocupándonos por los temas importantes, pero también aprendemos a establecer límites para proteger nuestro espacio mental. Esto nos ayuda a enfocarnos en lo que sí podemos controlar: nuestras acciones, nuestros pensamientos y nuestras respuestas. Ese cambio fortalece nuestro sentido de valor personal, porque empezamos a reconocer que nuestro valor no depende de estar abrumados por las crisis del mundo. Se refleja en las decisiones que tomamos, en cómo nos relacionamos con los demás y en cómo priorizamos nuestro bienestar.

En el fondo, todos estamos navegando un mundo lleno de distracciones ensordecedoras, tanto personales como globales. Y aunque es importante mantenernos informados y actuar de maneras que estén alineadas con nuestros valores, también necesitamos recordar vivir una vida con enfoque, con intención y con los pies en la tierra. No tenemos que dejarnos arrastrar por cada titular o cada crisis; podemos elegir cómo responder según lo que tenga verdadero significado para nosotros. Cuidar nuestra salud mental y emocional nos permite relacionarnos con el mundo —con toda su intensidad— desde un lugar de mayor claridad y propósito.

Cuando soltamos la presión de estar siempre "activos", empezamos a recuperar el control sobre nuestra atención. Y al hacerlo, nos reconectamos con un sentido de valor personal que está basado en quiénes somos, no en cuánto podemos hacer o cargar.

Jon Kabat-Zinn, pionero en la reducción del estrés basada en mindfulness (MBSR), explica que la atención plena nos ayuda a *tomar conciencia* de estos momentos en lugar de reaccionar de forma automática. Nos da ese pequeño instante de pausa para preguntarnos: ¿De verdad quiero hacer esto ahora?

Eso es, al final, la atención plena: notar, pausar, elegir.

Veamos lo simple que puede ser incorporar la atención plena en tu día a día:

- Antes de responder a una notificación, toma una respiración profunda. Ese pequeño momento de pausa puede ayudarte a decidir si realmente vale tu tiempo.
- Antes de abrir otra pestaña o revisar el teléfono, pregúntate: "¿Esto es realmente lo que quiero hacer ahora?" A veces, solo esa pregunta basta para cambiar el enfoque.
- Antes de cambiar de canal en la televisión, detente un momento y piensa: ¿a qué tipo de contenido quiero exponerme: imágenes positivas o negativas? Cuando sientas el impulso de distraerte, ponle nombre. Decir "me siento inquieto" o "quiero un golpe de dopamina" crea conciencia... y la conciencia te devuelve el control.

Nuestro ritmo de vida nos empuja a correr cuando, en realidad, preferiríamos caminar. No hay tiempo para detenernos y "oler las flores" en esta carrera constante por ser más productivos y lograr más. La presión de estar siempre "disponibles" —ya sea en línea o accesibles las 24 horas del día— se ha convertido en parte de la vida cotidiana. En su libro *Four Thousand Weeks (2021)*, Oliver Burkeman ofrece una perspectiva distinta, una que quizá resuene contigo. Nos recuerda que la vida es finita y que la productividad no se trata de meter más cosas en cada día, sino de tomar decisiones conscientes sobre lo que realmente importa.

Porque cuando estamos todo el tiempo intentando hacerlo todo —multitarea, plazos encima, corriendo contra el reloj— podemos pensar que estamos siendo productivos, pero muchas veces ese gasto constante de energía solo nos deja agotados y vacíos.

Piensa en la última vez que atravesaste un día entero sin parar de verdad. Tal vez estabas haciendo varias cosas a la vez: trabajando, cuidando niños, respondiendo correos o revisando el teléfono cada vez que vibraba. Al llegar la noche, probablemente sentías que habías estado ocupado todo el día… pero sin haber logrado nada realmente significativo. Estar "ocupados" todo el tiempo es agotador y, en el fondo, no tan productivo. Cuando reaccionamos a cada demanda que aparece, se vuelve muy difícil enfocarnos en lo que de verdad es importante para nosotros.

Esta mentalidad de estar *siempre activos* termina afectando nuestro sentido de valor personal. Si no estamos constantemente haciendo algo, sentimos que no obtenemos la validación externa que necesitamos. Puede que logremos tachar cosas de la lista de pendientes, pero esa lista nunca se acaba. Siempre habrá algo más que hacer mañana, y al día siguiente también, y al siguiente… por lo que nunca llegamos a sentir que somos *suficientes*.

¿Qué pasaría si, en lugar de correr todo el día, nos diéramos permiso para elegir lo que realmente importa? En vez de sentir que *tenemos* que hacerlo todo, podríamos enfocarnos en menos cosas y darles toda nuestra atención. ¿Y qué tal si, además, cultiváramos el arte de no hacer nada en absoluto?

En contraste con nuestra obsesión moderna por la productividad, ¿qué pasaría si abrazáramos la contemplación, la quietud y el no forzar las cosas? En el clásico Tao Te Ching, Lao Tzu introduce el concepto de wu wei (无为), que suele traducirse como "no acción" o "acción sin esfuerzo". No se trata literalmente de no hacer nada, sino de una forma de transitar la vida siguiendo su flujo natural, en lugar de intentar forzar cada paso. La sabiduría detrás de esta idea es que, al aceptar la quietud y permitir que las cosas se desarrollen de manera natural, paradójicamente logramos más. Como dijo Oscar Wilde en *The Importance of Being Earnest:* "No hacer nada en absoluto es la cosa más difícil del mundo, la más difícil y la más intelectual." Aunque en su momento se refería al exceso de trabajo de la era victoriana, su reflexión sigue siendo sorprendentemente vigente en el mundo actual.

Cuando soltamos esa necesidad de estar siempre "activos", abrimos espacio para la claridad. Y con la claridad, llega el enfoque. ¿No preferirías concentrarte en lo que de verdad importa, en lugar de estar constantemente distraído por información sin sentido? Si lo logras, te aseguro que tu rendimiento mejora. Es como ordenar tu habitación o tu clóset: cuando eliminas lo innecesario y creas orden, también recuperas una mayor sensación de control. Este es tu espacio, y tú decides cómo usarlo.

Hay un cambio profundo cuando pasamos de simplemente *hacer a elegir*. Al crear ese espacio para el enfoque, empezamos a validarnos nuevamente desde adentro, y la necesidad de aprobación externa comienza a perder fuerza.

En lugar de hacer una lista de "cosas por hacer", crea una lista de "cómo quiero ser".

¿Cómo quieres presentarte ante ti mismo hoy? ¿Quieres sentirte pleno, en calma y seguro, o ansioso, estresado e incapaz? Cuando eliges cómo quieres ser en lugar de decidir qué hacer a continuación, algo empieza a cambiar en tu interior. Nuestro valor no viene de hacer más, sino de estar presentes, actuar con intención y enfocarnos en lo que realmente importa para nosotros. Cuando reconocemos nuestros propios límites, nuestro tiempo y nuestras elecciones, descubrimos que somos suficientes, tal como somos.

La atención plena (*mindfulness*) nos permite hacer exactamente eso: bajar el ritmo y preguntarnos con honestidad: ¿En qué quiero enfocarme ahora? ¿Qué merece mi atención en este momento? Cuando hacemos una pausa antes de reaccionar ante las distracciones, recuperamos la capacidad de tomar decisiones alineadas con nuestros valores y metas auténticas.

Con el tiempo, la atención plena nos ayuda a comprender que la claridad no viene de hacer más, sino de todo lo contrario. Viene de elegir lo que realmente tiene significado para nosotros y dedicarle toda nuestra atención. Al adoptar un enfoque más intencional, creamos espacio para un sentido de valor personal que no depende de una lista interminable de tareas. Y, a cambio, recibimos un regalo invaluable: tiempo. Tiempo para reflexionar, crear, estar presentes y vivir de una manera que nos haga sentir verdaderamente plenos.

Aprendizaje clave:

Siempre estaremos rodeados de distracciones del mundo exterior: el sonido constante de las notificaciones del teléfono, la tentación del *scroll* infinito, las exigencias abrumadoras del día a día o incluso el caos global. Lo que realmente importa es cómo elegimos interactuar con ese ruido para recuperar el control.

Todo comienza entendiendo cómo funciona nuestro cerebro y por qué las distracciones resultan tan atractivas. Las redes sociales, los correos electrónicos y la gratificación instantánea activan picos de dopamina, manteniéndonos atrapados en un ciclo de reacción automática en lugar de un enfoque consciente e intencional. Sin embargo, cuando tomamos conciencia de estas tendencias, podemos desarrollar nuevos hábitos y establecer límites que protejan nuestra atención.

Al crear límites saludables con la tecnología, empezamos a recuperar claridad y a construir un entorno que favorece el trabajo profundo en lugar de la multitarea constante. Pero esos límites, por sí solos, no son suficientes: también necesitamos fortalecer nuestra capacidad de estar presentes.

La atención plena nos ayuda a lograrlo al notar cuándo nuestra mente se desvía y guiarla suavemente de regreso a lo que de verdad importa. En lugar de reaccionar de forma automática, podemos hacer una pausa, respirar y volver a conectarnos con nosotros mismos. Es sorprendente cómo un solo momento de conciencia puede cambiarlo todo. Pasamos de ser consumidores pasivos de distracciones a participantes activos en nuestra propia vida. Con el tiempo, la atención plena mejora nuestro enfoque y fortalece nuestro sentido de valía personal, recordándonos que tenemos el control sobre cómo utilizamos nuestro recurso más valioso: nuestra atención.

La próxima vez que te descubras tomando el teléfono o perdiendo el hilo a mitad de una tarea, detente. Pausa. Respira. Pregúntate: ¿Dónde quiero poner mi atención? La respuesta a esa pregunta puede cambiarlo todo.

CAPÍTULO 9

FORTALEZA EN EL APOYO

"La conexión es la razón por la que estamos aquí; es lo que le da propósito y sentido a nuestras vidas."

— Brené Brown

Todos queremos sentirnos conectados. Es una necesidad humana profundamente arraigada: buscar el calor de un abrazo, un rostro familiar y esa sensación de que pertenecemos. Cuando esta necesidad se ve satisfecha, trae consigo grandes beneficios, ya que los vínculos sociales hacen maravillas por nuestra salud emocional y física. Estamos hechos para florecer en las relaciones, no solo para sobrevivir en aislamiento.

Cualquiera que haya visto la película *Cast Away* (Náufrago, 2000), protagonizada por Tom Hanks, recuerda a Chuck, quien queda varado solo en una isla desierta después de un accidente aéreo. Obligado a sobrevivir al hambre, la enfermedad y las heridas, también enfrenta una soledad extrema. En su desesperación, convierte una pelota de voleibol maltratada en su "amigo" y la llama Wilson. Lo que Chuck anhela —lo que cualquiera de nosotros anhelaría en esa situación— es un ancla emocional que le permita soportar el aislamiento.

Es fácil entender la necesidad de conexión de Chuck. Como seres humanos, estamos hechos para relacionarnos. La investigación demuestra que contar con vínculos sociales fuertes no solo fortalece nuestro sentido de valor personal, sino que también nos hace más resilientes y más plenos (Holt-Lunstad et al., 2015). Cuando sabemos que alguien nos respalda y nos acompaña en los momentos difíciles, la vida se siente un poco más liviana. Sin embargo, en el mundo actual, muchas personas sienten que esas conexiones se están debilitando, dejándolas a la deriva y solas, muy parecido a lo que le ocurre a Chuck en la película.

Todo indica que estamos atravesando una epidemia de soledad, amplificada por el cambio drástico en la forma en que nos relacionamos a partir de la pandemia de COVID-19. El contacto personal y la comunicación cara a cara fueron reemplazados por el distanciamiento social, las llamadas por Zoom y una creciente sensación de desconexión. Incluso después de que se levantaron las restricciones, a muchas personas les costó volver a conectarse, tanto física como emocionalmente, con las formas de cercanía que antes resultaban naturales.

Nunca antes habíamos visto un fenómeno de esta magnitud a nivel mundial. Miles de millones de personas se vieron obligadas a mantener el distanciamiento social durante períodos prolongados de confinamiento que duraron dos años o más, convirtiendo el aislamiento social a largo plazo en una realidad para muchos. Y aunque la tecnología nos mantuvo conectados de forma digital, hoy sabemos que, en muchos casos, esto intensificó los sentimientos de soledad, ansiedad y depresión.

En 2023, el Cirujano General de los Estados Unidos, Vivek Murthy, declaró la soledad como una crisis de salud pública y advirtió sobre su serio impacto. También señaló que casi la mitad de los adultos estadounidenses ya se sentían solos incluso antes de que comenzara la pandemia. Para quienes ya vivían con soledad, los confinamientos no hicieron más que intensificar ese aislamiento. Nuestras rutinas diarias cambiaron por completo: el trabajo remoto, el cierre de escuelas y la reducción de las interacciones sociales hicieron que muchas personas se sintieran desconectadas del mundo. Como consecuencia, los problemas de salud mental se dispararon, especialmente la ansiedad y la depresión, afectando con mayor fuerza a los adultos jóvenes y a las personas mayores.

La Organización Mundial de la Salud (OMS) informó un aumento del 25 % en los trastornos de ansiedad y depresión a nivel mundial tras la pandemia (OMS, 2022). Lo más alarmante es que se ha demostrado que el aislamiento social puede ser tan perjudicial como fumar 15 cigarrillos al día, ya que contribuye a enfermedades cardíacas, accidentes cerebrovasculares y demencia (Holt-Lunstad et al., 2010). Pensar en el impacto real de la soledad sobre nuestra salud resulta inquietante, y es precisamente por eso que debemos priorizar la construcción de sistemas de apoyo sólidos.

Este capítulo está dedicado a que nadie tenga que atravesar la vida sin apoyo. Al construir relaciones fuertes y auténticas, podemos fortalecer nuestro sentido de pertenencia y nuestro valor personal.

La importancia de las relaciones saludables

¿Por qué los sistemas de apoyo sólidos son tan importantes para nuestra autoestima? ¿Y por qué nuestras conexiones sociales influyen tanto en cómo nos sentimos con nosotros mismos? Algunas investigaciones señalan la autocompasión como un pilar fundamental del bienestar mental (Neff, 2011). Desde esta mirada, la autocompasión —ser amables y comprensivos con nosotros mismos— está profundamente vinculada al apoyo que recibimos de los demás. Cuando practicamos la autocompasión, es mucho más probable que nos animemos a pedir ayuda, lo que puede evitar que caigamos en la desesperación.

Pero más allá de pedir ayuda, la conexión social nos recuerda algo esencial: el sufrimiento es parte de la experiencia humana compartida. Todos atravesamos desafíos, retrocesos y momentos de duda. Recordar esto puede ayudarnos a contrarrestar los sentimientos de aislamiento y soledad. Además, cuando nos sentimos conectados con otros, es menos probable que seamos tan duros con nosotros mismos, lo que ayuda a silenciar esa voz interior negativa.

Piénsalo de esta manera: si estás atravesando un momento emocional difícil, tu instinto puede ser aislarte y decirte que nadie podría entender lo que estás viviendo. Esta reacción crea un ciclo: el aislamiento alimenta las emociones negativas y te hace sentir aún peor. Pero cuando tienes el valor de acercarte a personas de confianza, puedes recibir apoyo emocional y una nueva perspectiva.

La verdad es que contar con las conexiones adecuadas nos ayuda a recordar que no estamos solos en nuestras luchas. Cuando nos permitimos ser vulnerables dentro de un entorno seguro, se abren nuevas posibilidades de crecimiento, resiliencia y un sentido más profundo de valor personal.

En este mundo cada vez más desconectado, es fácil sentirse solo. Cuanto menos auténtico es el contacto que tenemos con los demás, mayor es la sensación de aislamiento, y eso puede tener consecuencias devastadoras. Esto se refleja en el aumento de las tasas de suicidio. Según los Centros para el Control y la Prevención de Enfermedades (CDC), las tasas de suicidio en Estados Unidos aumentaron un 2,6%

en 2022. Trágicamente, el suicidio es hoy una de las principales causas de muerte entre jóvenes en todo el mundo. Esto representa una crisis de salud mental profundamente alarmante y, aunque las razones son complejas, en el fondo muchas de estas luchas están ligadas al aislamiento y a la pérdida de esperanza. Muchas personas simplemente se sienten invisibles, no escuchadas, desconectadas y solas.

Sí, podemos estar todos "conectados" digitalmente, pero eso muchas veces es solo una ilusión. Podemos estar en línea, conectados todo el tiempo y tener cientos de "amigos", pero nada de eso reemplaza una conexión genuina. En lugar de sentirnos acompañados, a menudo terminamos más desconectados, rodeados de personas con las que no tenemos un vínculo real. Esta falta de contacto humano auténtico puede dejarnos sintiéndonos vacíos, invisibles, poco valorados y sin un verdadero sentido de pertenencia. Por eso los sistemas de apoyo significativos son tan importantes. Y si estamos atravesando ansiedad, depresión u otro desafío de salud mental, contar con una red sólida de apoyo se vuelve aún más esencial.

Podemos estar rodeados de muchas personas y, aun así, no sentirnos vistos. Un ejemplo trágico de esto es el del actor y comediante Robin Williams. Su talento extraordinario y su energía inagotable lo convirtieron en una de las figuras más queridas del mundo del entretenimiento, llevando alegría y risas a millones de personas. Sin embargo, detrás de esa imagen pública había un hombre que luchaba contra una depresión y ansiedad severas, además de una enfermedad neurodegenerativa llamada demencia con cuerpos de Lewy. Esta condición, que afecta la cognición, el estado de ánimo y la percepción (Jellinger, 2023), no era ampliamente conocida en el momento de su fallecimiento, aunque hoy sabemos que tuvo un impacto significativo en su salud mental. Lamentablemente, con el tiempo, terminó perdiendo la vida.

El trágico final de Williams nos recuerda que los problemas de salud mental muchas veces son invisibles, silenciosos y pasan desapercibidos, incluso en personas que viven bajo la mirada pública. Como dijo una vez: *"Lo peor de la vida es terminar rodeado de personas que te hacen sentir completamente solo"*. Su historia no es única. ¿Cuántas veces nos hemos sentido solos, aislados o con la necesidad de alguien con quien hablar? ¿Y cuántas personas se han perdido por suicidio porque sintieron que no había nadie allí para sostenerlas cuando cayeron?

Por eso es tan importante empezar a cultivar conexiones profundas y significativas, y rodearnos de personas que nos eleven en lugar de desgastarnos. También necesitamos aprender a notar cuando alguien de nuestro entorno está luchando y estar dispuestos a acompañarlo. En un mundo donde la soledad se ha convertido en una epidemia, construir y mantener un sistema de apoyo sólido no es un lujo: puede salvar vidas.

A lo largo de un día común podemos conectar con muchas personas, a través de distintos medios, e incluso interactuar con cientos a lo largo de nuestra vida. Pero la mayoría de esas interacciones no se convierten en conexiones reales. Tu tribu —tu círculo cercano— puede ser pequeño, quizá solo unas pocas personas. Lo importante es que sean quienes realmente te ven, te entienden y te apoyan. Si todavía estás buscando tu tribu y te cuesta construir esas conexiones esenciales, es momento de dar el paso. Nadie merece sentirse solo.

¿Qué queremos decir cuando hablamos de "tribus"? Seth Godin, experto en marketing y liderazgo de pensamiento, las define como *"pequeñas comunidades unidas por un propósito, una pasión o una creencia compartida"* (Godin, 2008). Y esto no se trata solo de marketing, sino de bienestar mental y emocional. Los miembros de nuestra tribu son quienes nos inspiran, nos hacen sentir bien con nosotros mismos, nos brindan apoyo incondicional y nos ven tal como somos. Celebran nuestros logros, nos acompañan en los momentos más oscuros y nos levantan cuando caemos.

Pero construir nuestra tribu requiere intención —no todas las personas merecen un lugar en ella. Viejos amigos, conocidos, familiares o compañeros de trabajo pueden estar cerca, pero eso no significa automáticamente que formen parte de tu tribu. No puedo insistir lo suficiente en lo importante que es rodearte de las personas correctas: aquellas con las que eliges conectar de forma genuina y significativa.

Esto a veces implica soltar relaciones superficiales con personas que no aportan valor a tu vida, e incluso poner fin a vínculos que resultan tóxicos o perjudiciales para tu salud mental y emocional.

En mi propio camino, una de las verdades más difíciles de aceptar ha sido entender que la confianza evoluciona con el tiempo y la experiencia. Durante años creí que, si daba lo suficiente, amaba lo suficiente y me esforzaba lo suficiente, podía cambiar la dinámica de relaciones en las que me sentía poco valorado. Pensaba que, si hacía suficientes "depósitos" en la vida de los demás, tarde o temprano recibiría lo mismo a cambio. Pero eso era una ilusión. Con el tiempo aprendí que no siempre cosechamos donde sembramos y que, a veces, el "suelo" que elegimos simplemente no es el adecuado para nuestro crecimiento.

Lo más difícil de esa toma de conciencia no fue la decepción ni la traición, sino las expectativas que había puesto en el futuro. Había proyectado en esas relaciones mucho más de lo que esas personas estaban dispuestas o eran capaces de dar, y eso me quebró. Pero también fue ahí donde comenzó mi resiliencia. Tuve que aprender a confiar no solo en los demás, sino en mí; a creer que estaría bien incluso si me defraudaban.

Aprender a confiar en mí para tomar mejores decisiones, crecer a través del dolor y soltar las partes de mí que buscaban validación en los lugares equivocados ha sido una parte dolorosa, pero profundamente transformadora de mi proceso. Estoy entendiendo que mi valor no depende de las acciones de otros, sino de la confianza que tengo en mí y de mi capacidad para seguir adelante, incluso cuando la fe que tenía en los demás se ve sacudida.

Tal vez tú también hayas pasado por experiencias similares y sigas navegando aguas turbias, tratando de aferrarte a algo que te mantenga a flote. Puede que tengas que nadar un poco más fuerte, pero recuerda esto: cuando aprendes a reconocer quiénes realmente tienen tus mejores intereses en el corazón, encuentras la fuerza para seguir adelante.

Reconocer y liberar conexiones tóxicas

¿Qué es exactamente una relación tóxica? Es una muy buena pregunta. Probablemente conozcas a personas que te hacen sentir agotado, ignorado o menospreciado. Son aquellas que resultan hirientes, egocéntricas o que desaparecen misteriosamente justo cuando más las necesitas. Cuando interactúas con este tipo de personas —ya sean amigos, familiares o compañeros de trabajo—, poco a poco pueden ir drenando tu energía emocional hasta dejarte exhausto y lleno de dudas sobre ti mismo.

Piensa en el ejemplo de la rana hervida: si arrojas una rana a agua hirviendo, saltará de inmediato, ¿verdad? Pero si la colocas en agua tibia y subes la temperatura gradualmente, la rana no se dará cuenta de lo que está pasando hasta que ya sea demasiado tarde.

Con las relaciones tóxicas ocurre algo muy similar. Los efectos dañinos se infiltran lentamente, hasta que un día te das cuenta de que estás completamente desgastado. Si alguien te desanima de forma constante, recurre a la manipulación emocional, intenta hacerte sentir culpable o solo aparece cuando necesita algo de ti, tu confianza y tu bienestar quedan en riesgo. Lo que puede comenzar con críticas menores, comentarios sutiles sobre tus opiniones o "bromas" cargadas de negatividad, con el tiempo puede hacerte sentir sin valor, incapaz y emocionalmente agotado.

La doctora Naomi Eisenberger, neurocientífica social, descubrió en uno de sus estudios que el rechazo social activa las mismas áreas del cerebro que el dolor físico (Eisenberger, 2012). En otras palabras, las relaciones poco saludables —ya sean emocionalmente negligentes, manipuladoras o directamente tóxicas— no solo dañan a nivel emocional, sino que también pueden afectarnos a nivel biológico.

¿Cuáles son las señales de alerta a las que conviene prestar atención cuando intentas reconocer si una relación es tóxica? Algunas pueden verse reflejadas en comportamientos como estos:

- **Falta de empatía:** quizá conoces a alguien que de manera constante ignora o minimiza lo que sientes.
- **Apoyo unilateral:** si sientes que siempre eres tú quien da, pero nunca recibe nada a cambio, esa dinámica no es saludable.
- **Manipulación emocional:** si un amigo, un compañero de trabajo o un familiar intenta hacerte sentir culpable, distorsiona la realidad para confundirte o busca controlar tu comportamiento, eso es manipulación emocional.

Existen otras señales a las que también vale la pena estar atentos. Las relaciones tóxicas pueden presentarse de muchas formas, y no siempre las identificamos de inmediato. A veces conocemos tanto a una persona que simplemente asumimos que "así es" y dejamos de cuestionarnos si su comportamiento nos está haciendo daño.

Por ejemplo, esa persona puede menospreciarte con frecuencia, burlarse de tus ideas o hacerte sentir que no eres suficiente. Con el tiempo, esa negatividad constante puede ir desgastando tu confianza, ya que la crítica permanente resulta extremadamente tóxica.

Tal vez esa persona tenga cambios de humor impredecibles, lo que te obliga a andar con cuidado a su alrededor. Sentirte ansioso por cómo alguien podría reaccionar si dices "algo incorrecto" es una señal de alerta importante de que esa relación no es saludable.

También es preocupante cuando alguien no apoya ni celebra tus logros y, en lugar de alegrarse por ti, siempre intenta competir contigo. Eso no es una amistad verdadera; una relación no debería basarse en una rivalidad constante.

Otra señal de alerta es cuando alguien rara vez asume la responsabilidad de sus actos y siempre culpa a los demás por sus errores. Estas personas suelen negarse a pedir disculpas y buscan excusas para justificar un comportamiento hiriente.

Luego están las violaciones de límites —ya sean físicas, emocionales o relacionadas con tu espacio personal—. Este tipo de conductas invasivas reflejan una falta de respeto por tu privacidad y tu individualidad, y son un claro indicador de una dinámica poco saludable.

Las relaciones tóxicas también suelen incluir intentos de aislarte de tu familia o de tus amistades. Si alguien intenta desanimarte para que no veas a tus seres queridos o va debilitando tus otras conexiones de forma sutil, eso es una conducta controladora y, sin duda, no es sana ni aceptable.

Finalmente, si sientes que no puedes confiar en alguien ni apoyarte en esa persona porque te ha mentido o te ha fallado una y otra vez, esa es una señal de alerta importante que no deberías ignorar.

Cuando tus relaciones te dejan sintiéndote agotado en lugar de acompañado, es momento de poner límites —o incluso de alejarte por completo—. Tienes el poder de elegir construir sistemas de apoyo fuertes en tu vida, en lugar de aferrarte a relaciones que te hacen daño. No es fácil, pero cuando empiezas a soltar los lazos tóxicos y a reemplazarlos por vínculos más sanos, la diferencia se siente.

Si estás rodeado de personas que realmente tienen en cuenta tu bienestar, esas personas te van a elevar, no a derrumbar. La psicóloga Marisa Franco describe los elementos clave de una red de apoyo sólida en su libro *Platonic: How the Science of Attachment Can Help You*

Make—and Keep—Friends (2022). Según ella, existen tres factores fundamentales:

1. **Confianza mutua y seguridad emocional.** Sentirte visto, escuchado y comprendido, sin miedo a ser juzgado.
2. **Reciprocidad.** Construir una relación equilibrada y saludable, donde ambas partes estén dispuestas a dar y recibir.
3. **Disponibilidad emocional.** Contar con personas que realmente estén presentes, especialmente en los momentos difíciles.

Estos tres elementos son la base de relaciones profundas y significativas. Cuando los cultivamos, no solo nos sentimos mejor a nivel emocional: florecemos. Las investigaciones muestran que los lazos sociales fuertes como estos pueden reducir el estrés, fortalecer la resiliencia e incluso aumentar la esperanza de vida (Holt-Lunstad, 2017). En definitiva, construir la red de apoyo adecuada no se trata solo de alcanzar la felicidad personal, sino de crear una vida más saludable, plena y sostenible a largo plazo.

Aunque no lo creas, dejar ir relaciones tóxicas no siempre significa cortar el contacto por completo (a menos que sea necesario para tu propia seguridad). Muchas veces, lo mejor es cambiar la dinámica de forma gradual. Esto puede implicar limitar el tiempo que pasas con ciertas personas o tomar distancia emocional de quienes de manera constante te hacen sentir mal.

Afronta este proceso con autocompasión. Recuerda que estás haciendo lo mejor para ti. Es normal sentir culpa al principio o preocuparte por alejarte de alguien, pero tu prioridad es cuidar tus valores y tu autoestima. El objetivo no es herir a nadie intencionalmente, sino reconocer tus necesidades y elegir relaciones que te brinden apoyo genuino, no agotamiento emocional.

Dejar atrás una relación tóxica puede ser difícil, especialmente cuando conoces a esa persona desde hace mucho tiempo. Aun así, es importante recordar que tu bienestar va primero. Permanecer en una relación por miedo o por obligación no es saludable, y tienes todo el derecho de construir vínculos que te eleven, no que te hundan. Cuando te rodeas de personas que afirman tu valor, empiezas a comprender que elegir relaciones sanas no es egoísta: es absolutamente necesario.

También es importante invertir en las personas que sacan lo mejor de ti, te hacen sentir emocionalmente seguro y fortalecen la confianza. Las relaciones son una calle de doble sentido: no puedes esperar recibir estas cosas si no estás dispuesto a poner la misma energía y el mismo esfuerzo. Para ayudarte a reflexionar sobre tus relaciones y dar pasos hacia la construcción de un sistema de apoyo sólido, plantéate estas tres preguntas clave:

1. ¿Las relaciones en tu vida están aportando a tu bienestar o te están haciendo daño?

2. ¿Estás comprometido con encontrar y cuidar a tu tribu?

3. ¿Estás dispuesto a ser vulnerable y abrirte para construir conexiones más profundas y significativas?

Según cómo respondas estas preguntas, pueden orientarte hacia relaciones que realmente te sostengan, incluso si eso implica salir de tu zona de confort por un tiempo. Cuando tu círculo de amigos o familiares no te brinda el apoyo que necesitas, pierdes la estabilidad que un sistema de contención sólido puede ofrecer. Esto es especialmente importante si estás atravesando luchas internas como la depresión, la soledad o dificultades de salud mental. Todos necesitamos sentirnos comprendidos, y cuando nadie nos respalda, las cosas pueden desmoronarse con mucha rapidez.

No hace falta mirar muy lejos para entender lo devastador que puede ser no contar con una tribu de confianza en la que apoyarse. Un ejemplo que suele destacarse es el de Kanye West, artista ganador del Grammy, empresario y figura influyente de la cultura popular.

Considerado por muchos un genio musical, su ascenso a la fama ha estado acompañado de luchas públicas con el trastorno bipolar. Aunque su talento le dio reconocimiento a nivel mundial, la falta de relaciones estables y contenedoras le ha pasado factura. Sus estallidos públicos, su comportamiento errático y sus publicaciones controvertidas en redes sociales con frecuencia han provocado burla en lugar de comprensión. En vez de estar rodeado de personas que le ofrecieran apoyo constante y compasivo, muchas veces se ha visto acompañado por facilitadores, críticos o amistades que solo están presentes cuando todo va bien.

Este es un lugar peligroso para cualquiera. Sin una base sólida de relaciones de confianza, los desafíos de salud mental pueden escalar rápidamente. Todos necesitamos apoyo genuino y estable. En el caso de las figuras públicas, estas luchas se desarrollan frente a los ojos del mundo, lo que puede resultar especialmente devastador. La experiencia de Kanye nos recuerda lo vulnerables que podemos ser a la inestabilidad emocional, la duda e incluso la autodestrucción cuando nos faltan relaciones significativas y recíprocas.

Contar con un sistema de apoyo sólido nos ayuda a amortiguar los golpes duros que la vida nos da. Imagina a un boxeador en el ring, pero sin cuerdas que lo sostengan cuando recibe un golpe y cae hacia atrás: le costaría mantenerse en pie, y mucho más ganar la pelea. Con las relaciones ocurre algo similar: tu tribu es como esas cuerdas, las que te ayudan a rebotar y seguir adelante. Los verdaderos amigos y mentores ofrecen perspectiva cuando las emociones se vuelven abrumadoras, te señalan con honestidad cuando vas por un camino equivocado y te escuchan sin juzgar cuando simplemente necesitas ser escuchado.

Y así como un boxeador confía en las cuerdas para mantenerse firme, tener a las personas adecuadas en tu esquina puede marcar la diferencia entre quedarte en el suelo o levantarte más fuerte que antes. Esto aplica para todos, ya sea que vivas bajo el ojo público o simplemente estés atravesando los altibajos de la vida cotidiana.

Crear una red de apoyo para el crecimiento

Seguro conoces la frase: *"Eres el promedio de las cinco personas con las que más tiempo pasas"*. Y, si lo piensas bien, es cierta. Nuestras relaciones moldean quiénes somos, cómo nos sentimos con nosotros mismos y la forma en que nos movemos por el mundo. En esencia, las personas que nos rodean tienen una enorme influencia en nuestro bienestar mental. Por eso es tan importante rodearte de las personas "correctas": aquellas que te fortalecen y te ayudan a crecer.

En su libro *Give and Take (2013)*, Adam Grant explora la dinámica de las relaciones y su impacto en el éxito. Según Grant, las personas suelen ubicarse en tres categorías: quienes toman (*takers*), quienes equilibran (*matchers*) y quienes dan (*givers*). El secreto para construir una red sólida y que te impulse está en rodearte de quienes dan: personas que apoyan, elevan y ayudan sin esperar nada a cambio.

Grant sostiene que quienes dan suelen alcanzar mayor éxito porque construyen relaciones basadas en la generosidad, la colaboración y el respeto mutuo. Las relaciones con este tipo de personas crean un entorno donde el apoyo fluye de manera natural en ambas direcciones: dar y recibir se vuelve algo recíproco.

Pero ¿cómo cultivar este tipo de relaciones en un mundo donde las redes sociales y el entorno laboral muchas veces premian lo contrario? Una buena estrategia es empezar a prestar atención a cómo te sientes después de interactuar con alguien. ¿Esa conversación te deja con más energía y sensación de apoyo, o te sientes agotado y poco escuchado?

Es probable que conozcas personas que parecen apoyarte, pero que en realidad solo te facilitan quedarte donde estás. Por ejemplo, ese "amigo" que siempre dice que sí, que nunca te desafía a ser mejor, que te mantiene en tu zona de confort y refuerza hábitos negativos sin ayudarte a salir de situaciones tóxicas. Puede parecer apoyo, pero en el fondo ese tipo de vínculo termina frenando tu crecimiento y alejándote de tu mejor versión.

Por otro lado, los verdaderos amigos no solo te apoyan, también te ayudan a hacerte responsable y te ofrecen críticas constructivas cuando hace falta. Cuando alguien puede ser honesto contigo y, al mismo tiempo, acompañarte en los momentos difíciles, esa es una relación que vale la pena cuidar.

Llegados a este punto, quizá estés pensando: *"Está bien, suena lógico... pero ¿cómo encuentro este tipo de relaciones saludables?"*. Una opción es buscar mentores: personas que creen en ti y están dispuestas a invertir tiempo y energía en tu crecimiento. Como señala Sheryl Sandberg en su libro *Lean In (2013)*, la mentoría es clave tanto para el desarrollo personal como profesional. No se trata solo de recibir consejos de alguien con más experiencia, sino de construir relaciones auténticas con quienes ya recorrieron ese camino y pueden compartir lo que aprendieron. Un mentor puede ayudarte a abrirte a nuevas posibilidades, enfrentar tus miedos y animarte a ir más allá de tus límites, paso a paso.

Así como una tribu se sostiene mutuamente, contar con un mentor y con un grupo cercano de amigos de confianza puede marcar una gran diferencia en tu crecimiento personal y en tu autoestima.

Otra manera muy poderosa de construir un sistema de apoyo sólido es a través de lo que se conoce como un "bucle de retroalimentación" (*feedback loop*). Esto implica buscar de forma consciente la opinión de personas en quienes confías, y darles el espacio para ofrecerte perspectiva sobre tus comportamientos, decisiones y emociones.

Este proceso te permite crecer sin perder el equilibrio. Pedir ayuda cuando la necesitas —ya sea apoyo emocional, un consejo o una guía práctica— crea un ciclo continuo de cuidado mutuo. Nos recuerda que todos necesitamos ayuda en algún momento, y que pedirla no es señal de debilidad, sino de fortaleza.

Además, un bucle de retroalimentación fortalece las relaciones porque mantiene abiertos los canales de comunicación y crea un espacio seguro para la honestidad, la vulnerabilidad y el apoyo emocional. Abrirte sobre lo que te cuesta y lo que necesitas se vuelve más fácil cuando sabes que estás en un entorno que te acompaña, uno donde pueden construirse conexiones profundas y genuinas.

Esto implica ser intencional con las personas con las que eliges conectar y con las comunidades en las que decides participar. Muchos grupos y foros en línea pueden ofrecer un apoyo valioso, por lo que vale la pena involucrarte en aquellos que realmente suman a tu vida, en lugar de perderte en un desplazamiento interminable por contenidos que solo te dejan sintiéndote más desconectado. Rodearte de personas afines, ya sea en línea o en persona, te ayuda a encontrar el apoyo que necesitas.

En todas tus relaciones, presta atención a con quién eliges pasar tu tiempo y a cómo esas interacciones te hacen sentir.

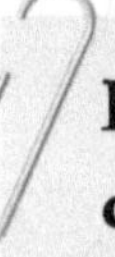

Ejercicio 10: Construir un sistema de apoyo que te nutra

Si quieres crear un sistema de apoyo que te cuide y te fortalezca, en lugar de agotarte, aquí tienes algunos pasos prácticos que puedes empezar a considerar:

1. **Observa los patrones negativos.** Presta atención a cómo te sientes después de interactuar con ciertas personas. ¿Sueles sentirte drenado, ansioso o con menos confianza luego de pasar tiempo con ellas? Si la respuesta es sí, tal vez sea momento de detenerte y replantearte esa relación.

2. **Identifica tus necesidades emocionales.** ¿Qué tipo de apoyo emocional necesitas en este momento? ¿Buscas validación, empatía o ánimo? Cuando tienes más claridad sobre lo que necesitas, te resulta más fácil acercarte a personas que realmente pueden ofrecerte ese tipo de apoyo.

3. **Empieza poco a poco.** Comienza fortaleciendo los vínculos que ya tienes. Pequeños gestos, como invitar a un amigo a tomar un café o a almorzar, o sumarte a un grupo alineado con tus intereses, pueden ser un excelente primer paso.

4. **Anímate a ser vulnerable.** Comparte tus dificultades y da espacio para que otros también puedan compartir las suyas. Cuando nos abrimos y intercambiamos experiencias, fortalecemos vínculos duraderos basados en la empatía y la compasión.

5. **Establece límites.** Cuida tu espacio emocional poniendo límites con personas o dinámicas que tienden a agotarte. Elige conscientemente cultivar relaciones que nutran tu crecimiento personal y tu bienestar.

Quizás seas de las personas a las que les cuesta —o incluso les molesta— pedir ayuda, y lo entiendo completamente. A mí también me resultaba increíblemente difícil acercarme a otros, sobre todo cuando más lo necesitaba. Todos tenemos nuestras propias historias, pero muchas veces el miedo es el mismo: ser vistos como débiles, incapaces o como si no pudiéramos resolver nuestros propios problemas. Ese temor al juicio puede intensificar aún más la sensación de aislamiento y llevarnos a levantar barreras difíciles de atravesar. Pero eso no es realmente vivir. Para cuidar nuestro bienestar emocional, necesitamos cultivar relaciones auténticas, y eso implica animarnos a romper el estigma que rodea el pedir ayuda.

También es fácil caer en la trampa de pensar que todos los demás "lo están manejando mejor" mientras nosotros sentimos que estamos fallando. Cuando vemos a otros que parecen avanzar por la vida sin dificultades, surge la tentación de creer que hay algo mal en nosotros.

La presión por "tener éxito", "ser felices" o "hacerlo bien" puede volverse enorme, especialmente cuando por dentro estamos luchando simplemente por mantenernos en pie.

En su libro *Radical Acceptance*, Tara Brach señala que la verdadera fortaleza está en la vulnerabilidad: en poder pedir ayuda y reconocer que no podemos hacerlo todo solos. Habla de la aceptación radical como la capacidad de aceptarnos tal como somos, sin vergüenza ni culpa por necesitar apoyo. Es justamente esa vulnerabilidad la que nos permite construir conexiones más profundas y significativas, en lugar de cerrarnos a los demás y aislarnos.

Ahora puede ser un buen momento para detenerte y reflexionar sobre cómo te sientes al pedir ayuda. Las siguientes preguntas pueden servirte como guía para comprender mejor cómo manejas la vulnerabilidad y qué beneficios pueden surgir cuando te permites vivirla:

1. Piensa en una ocasión en la que dudaste en pedir ayuda. ¿Qué te detuvo? Cuando finalmente lo hiciste, ¿cómo te sentiste? Si no llegaste a pedir ayuda, ¿cómo influyó eso en el resultado?

2. ¿Ves el pedir ayuda como una fortaleza o como una debilidad? Si lo percibes como una debilidad, ¿qué cambio de mentalidad podría ayudarte a replantear esa idea?

3. ¿Cómo fortaleció tu relación la ayuda de alguien que te apoyó en el pasado? ¿Qué sentiste al recibir ese apoyo?

4. Recuerda un momento en el que ayudaste a alguien de manera significativa. ¿Cómo impactó eso en tu relación con esa persona?

5. Cuando un amigo o un ser querido te pide ayuda, ¿cómo sueles responder? ¿Qué emociones aparecen en ti en ese momento?

6. ¿Existen creencias culturales o personales que influyan en tu disposición a pedir apoyo? Si es así, ¿alguna de esas creencias necesita ser replanteada?

7. ¿Cómo imaginas un sistema de apoyo sólido? ¿Qué pasos podrías dar para empezar a cultivarlo en tu vida?

Vale la pena recordar que pedir ayuda no es una señal de debilidad. Requiere valentía y autoconciencia animarse a acercarse a otros. Y cuando lo haces, se abre la puerta a conexiones más significativas y a relaciones más profundas.

¿Todavía te incomoda pedir ayuda? Tal vez sientes culpa, pensando que podrías ser una carga o que deberías poder con todo por tu cuenta. En su libro *The Art of Asking (2014)*, la música y artista Amanda Palmer comparte que gran parte de su carrera la pasó aprendiendo justamente eso: a pedir ayuda. Aunque al principio no le resultaba fácil, con el tiempo comprendió que hacerlo le permitía crear relaciones genuinas y significativas, basadas en la reciprocidad.

Piénsalo por un momento: cuando alguien te pide ayuda, ¿lo ves como alguien débil? Probablemente no. Lo más seguro es que valores la confianza que está depositando en ti. Las relaciones funcionan en ambos sentidos. Cuando te permites abrir la puerta y reconocer que no tienes que ser "superhumano", en realidad estás fortaleciendo tus vínculos. Anímate a intentarlo.

Al llegar al final de este capítulo, espero que te quedes con algo claro: crear una red de apoyo es fundamental. La verdadera fortaleza está en las conexiones que construimos con los demás, y no tienes por qué hacerlo todo solo. Reconoce cuándo necesitas ayuda, ten el valor de pedirla y cultiva relaciones que te impulsen y te acompañen. Abraza la vulnerabilidad, establece límites y rodéate de tu tribu: personas que realmente se interesen por tu crecimiento personal y tu bienestar emocional.

Aprendizaje clave:

No es fácil construir un sistema de apoyo sólido. Las historias de figuras públicas como Robin Williams y Kanye West nos recuerdan que el éxito no nos protege del dolor. Seas o no una figura pública, todos necesitamos estar rodeados de conexiones auténticas.

Practicar la amabilidad y la compasión hacia uno mismo también es fundamental, y una forma de cultivarlas es contar con una red de apoyo formada por amigos de confianza, mentores e incluso personas que nos ayuden a mantenernos enfocados y responsables. Recibir retroalimentación nos ayuda a mantener los pies en la tierra y nos recuerda que nadie enfrenta solo los desafíos de la vida.

También es clave estar dispuesto a ser vulnerable. Pedir ayuda puede ser una de las cosas más difíciles que hagas, pero también puede convertirse en una de las más transformadoras. En el camino, aprender a reconocer relaciones tóxicas, establecer límites y soltar vínculos dañinos forma parte natural del proceso de crecimiento.

Al final, sin importar en qué etapa del camino te encuentres, necesitas a otros para florecer. Cuando construyes un sistema de apoyo sólido, puedes atravesar las tormentas de la vida con mayor resiliencia, sabiendo que no estás solo. Recuerda que los seres humanos estamos hechos para buscar conexión, así que anímate a salir ahí fuera y empezar a construir tu tribu. Con esa base firme, estarás mejor preparado para enfrentar cualquier desafío.

CAPÍTULO 10

LA VERDADERA RIQUEZA

"La riqueza es la capacidad de experimentar la vida plenamente."

— Henry David Thoreau

¿Qué es lo primero que se te viene a la cabeza cuando escuchas la palabra "riqueza"? ¿Piensas enseguida en mucho dinero en tu cuenta bancaria, un garaje lleno de autos de lujo, una casa enorme con piscina o un estilo de vida de viajes constantes?

En la sociedad capitalista actual, a menudo nos hacen creer que el dinero es la medida definitiva del éxito. Cuanto más ganas, más importante pareciera que eres. Pero esta idea de la riqueza es bastante limitada. Sí, el dinero puede brindar comodidad y conveniencia, pero no garantiza felicidad, tranquilidad ni un verdadero sentido de propósito.

Constantemente recibimos mensajes que nos empujan a trabajar más duro para conseguir más: más ingresos, más reconocimiento, más cosas materiales. En un mundo donde el éxito se mide por lo que acumulamos, no es raro que el valor personal termine enredándose con el valor neto. Muchas personas pasan la vida persiguiendo el dinero, convencidas de que ahí está el secreto de una felicidad duradera, solo para acabar agotadas y desilusionadas.

Atrapados en esa rueda interminable de esfuerzo, productividad y rendimiento, casi nadie se detiene a hacerse una pregunta simple pero profunda: ¿qué significa realmente la riqueza para mí?

También está ese miedo silencioso de que, si no estamos logrando más, ganando más o subiendo por alguna escalera invisible, entonces nos estamos quedando atrás. A medida que la brecha entre los que "tienen" y los que "no tienen" se agranda, nadie quiere sentirse del lado de los segundos. Pero ¿y si todo este tiempo lo hemos estado viendo mal? ¿Y si la verdadera división no tiene que ver con el dinero, sino con la alineación? En otras palabras, ¿qué tan conectados estamos con nuestros valores, nuestra alegría y nuestro bienestar?

Por ejemplo, mi amigo Mike. Tenía lo que muchos llamarían el trabajo soñado: era gerente de producto en una gran empresa tecnológica, con una oficina acorde a su salario de seis cifras, un condominio de lujo frente al mar y un estilo de vida que, desde afuera, parecía emocionante. Pero por dentro estaba agotado, estresado y funcionando en automático. Había invertido tanto tiempo y energía en su carrera que terminó distanciado de su familia, nunca se casó y sus supuestos "amigos" no eran más que contactos laborales. Cuando por fin decidió tomarse un breve descanso sabático, se fue a surfear a la costa escarpada de Big Sur, un lugar que siempre había querido visitar, pero para el que nunca se hacía tiempo. Y lo que encontró allí no fue solo el mar y la tranquilidad, sino algo que ni siquiera sabía que le había estado faltando.

Al océano no le importaban el estatus ni los logros de Mike. Allí no había fechas límite, ni presión, ni exigencias. En su primer día remando, volvió a conectar con su pasión por atrapar las olas y con la emoción de surfearlas. Se sentía vivo. De verdad, vivo. Esa noche, acampando solo, con su pequeña carpa y las estrellas como única compañía, una pregunta que había evitado durante años apareció en su mente: *¿qué valor tiene realmente mi vida?* La respuesta llegó de inmediato. No estaba en la oficina enorme, ni en las acciones de la empresa, ni en las palmaditas en la espalda. Su valor estaba en su tiempo, en su paz mental y en las personas que amaba y que ya no veía.

Ese viaje a Big Sur movió algo profundo dentro de Mike. Recordó que el surf había sido su primer amor, mucho antes del capital de riesgo, las inversiones y las ofertas públicas. Lo llevó de vuelta a una etapa en la que se sentía genuinamente feliz y pleno, y supo que quería recuperar esa sensación. Aunque volvió a su trabajo unos días después y se metió otra vez en la maquinaria corporativa, ya no estaba en paz. Pasaron algunos meses más antes de que finalmente decidiera renunciar. Reconectó con su familia, retomó contacto con viejos amigos y comenzó un servicio de coaching para jóvenes emprendedores. Seguía trabajando duro, pero ahora dirigía su energía hacia algo que realmente valía la pena, y dejó de medir su valor por el tamaño de su sueldo. Hoy, pasa mucho más tiempo surfeando.

Como ocurre con la mayoría de los momentos de "ajá", esto no significa que todo cambie de un día para el otro. Pero sí abre pequeñas ventanas de claridad que no podemos ignorar. Una de las reflexiones más importantes que espero que te lleves de este capítulo es que tu valor personal no tiene por qué basarse en tus finanzas. En lugar de preguntarte cuánto tienes, tal vez sea un buen momento para pensar en una versión de la riqueza basada en tus valores, no solo en números.

En vez de preguntar "¿cuánto tengo?", una mejor pregunta podría ser: ¿estoy viviendo una vida que refleje lo que realmente me importa?

Cambiando la perspectiva sobre el éxito financiero

Siempre me llama la atención el término **"personas de alto patrimonio neto"** ***(High-Net-Worth Individuals)***. Dice mucho sobre cómo la sociedad mide a las personas en función de lo que tienen. Nadie habla de **"personas de alto valor de vida"** ***(High-Life-Worth Individuals)***, y, sin embargo, eso tendría mucho más sentido. Sabemos que los modelos financieros sobre los que se construyó nuestra sociedad suelen equiparar el éxito con la acumulación. Pero existe otra manera de mirar la riqueza: una que la mide en términos de significado y plenitud.

Piénsalo un momento: ¿realmente importa tener riqueza financiera si eres infeliz, te sientes aislado, desconectado o fuera de sintonía con lo que de verdad te importa? Probablemente tus prioridades no sean tan distintas a las de la mayoría: cuidar tu salud, sentirte seguro, pasar tiempo con las personas que amas, tener propósito, libertad y paz mental. Eso es lo que hace que la vida se sienta rica, aunque no aparezca en ningún balance financiero.

En su libro *Your Money or Your Life (2018)*, Vicki Robin y Joe Domínguez introducen el concepto de "energía vital" (*life energy*). Nos invitan a reflexionar sobre cuánto de nuestro tiempo y nuestra vitalidad estamos intercambiando por dinero, y si ese intercambio realmente está alineado con lo que más valoramos. En esencia, la libertad financiera no siempre tiene que ver con tener más, sino con necesitar menos. Cuando aprendemos a sentirnos satisfechos con lo que ya tenemos y dejamos de perseguir constantemente lo siguiente, nos liberamos de esa sensación persistente de carencia y de la urgencia de querer siempre más.

Nuestro deseo de algo más profundo no es algo que enfrentemos solo a nivel individual. También lo vemos reflejado en las decisiones de personas que han llegado a la conclusión de que la riqueza puede significar mucho más que dinero. Personas como Yvon Chouinard, fundador de la marca de ropa Patagonia, vienen rápidamente a la mente. Él desafió la idea tradicional de lo que significa ser un empresario exitoso.

Chouinard fue escalador y ambientalista toda su vida, y construyó una empresa de equipamiento para actividades al aire libre con un profundo respeto por el planeta. En 2022, sorprendió al mundo de los negocios al anunciar que donaría toda la compañía, transfiriendo su propiedad a un fideicomiso y a una organización sin fines de lucro dedicada a combatir el cambio climático. En lugar de vender la empresa —algo que sentía que habría comprometido sus valores— declaró: *"La Tierra es ahora nuestro único accionista."* Chouinard quería dejar un legado distinto, uno que mostrara que la verdadera riqueza no se mide por los miles de millones en el banco, sino por la manera en que esa riqueza se pone al servicio del bien común.

Tal vez tu vida diaria se sienta muy lejos del ejemplo de Patagonia, y probablemente no estés en posición de donar millones de dólares. Pero el mensaje detrás de esta decisión es algo con lo que todos podemos identificarnos. Es posible alinear nuestros recursos con lo que realmente nos importa. La historia de Chouinard no es solo sobre filantropía; es, ante todo, una historia sobre valores. Y es una invitación a reflexionar. Porque, ya sea que hablemos de tu tiempo, tu dinero o tu energía, el punto es vivir en coherencia con lo que de verdad importa para ti.

Pero ¿cómo llevamos ese nivel de claridad y alineación a la vida cotidiana, sobre todo cuando estamos haciendo malabares con las cuentas, el trabajo, las responsabilidades y la incertidumbre económica? Pensemos en lo siguiente:

Ejercicio 11: ¿Qué significa para ti la verdadera riqueza?

Puedes empezar haciéndote algunas preguntas sencillas:

- ¿Qué significa realmente la riqueza para mí?
- ¿Cuándo me he sentido de verdad "rico" en mi vida, sin que tuviera que ver con el dinero?
- ¿Estoy usando mi tiempo y mi energía de una manera alineada con lo que más me importa?
- ¿Cómo se vería para mí el "suficiente", a nivel financiero, emocional y de estilo de vida?
- ¿Estoy persiguiendo más por costumbre, por presión o por miedo?

Una vez que hayas reflexionado sobre estas preguntas, puedes probar con uno o dos pasos pequeños y prácticos:

- **Revisa tus valores.** ¿Cuáles son tus cinco valores personales más importantes? Escríbelos y luego observa en qué estás gastando tu dinero. ¿Están realmente alineados?
- **Define tu "suficiente."** Sé claro sobre qué significa "suficiente" para ti. ¿Cuánto dinero, tiempo o cosas necesitas de verdad para sentirte en paz y satisfecho?
- **Recupera tu tiempo.** Anota cómo usas tu tiempo cada día. ¿Hay actividades que te drenan y a las que podrías dedicar menos energía? ¿Podrías invertir más tiempo en lo que te recarga y te hace bien?

- **Elige propósito por encima del prestigio.** La próxima vez que tengas que tomar una decisión, pregúntate: ¿esto está alineado con la vida que quiero vivir o con la vida que creo que debería querer?
- **Practica la gratitud.** Cada mañana o antes de dormir, nombra una cosa por la que te sientas genuinamente agradecido: puede ser tu salud, la sonrisa de un niño o simplemente el cielo azul sobre ti.

No estoy diciendo que abandones tus ambiciones ni que ignores las realidades financieras de tu vida. El dinero es un mal necesario en este mundo, y todos tenemos cuentas que pagar, metas que alcanzar y cosas que queremos disfrutar. Lo que sí te propongo es que des un paso atrás y te vuelvas a alinear con lo que de verdad importa. Cuando pasas de enfocarte solo en acumular riqueza a vivir una vida guiada por tus valores y tus pasiones, cambia la forma en que te sientes con respecto a lo "rico" que eres, sin importar lo que diga el saldo de tu cuenta bancaria.

Puede que pases años viviendo de cheque en cheque, ahorrando cada centavo para una casa más grande o un auto más elegante. Pero ¿eso define quién eres o cuál es tu verdadero valor? Una sensación más profunda de riqueza suele aparecer cuando te reconectas con tus valores y con lo que realmente es importante para ti. Si, por ejemplo, encuentras una gran satisfacción en pasar tiempo con tu familia o en hacer voluntariado en un comedor comunitario, eso es verdadera riqueza, porque estás plenamente presente y viviendo con propósito.

¿Cuándo "lo suficiente" llega a ser realmente suficiente? Pregúntaselo a algunos de los multimillonarios del mundo y, probablemente, ni ellos sepan qué responder. Imagina que acumulas tanto dinero como para que te alcance para varias vidas... ¿sería suficiente para ti? Basta con mirar a algunas de las personas más ricas del planeta, como Elon Musk o Jeff Bezos, para ver que la búsqueda nunca se detiene. Más innovación, más influencia, más poder, más alcance... no tiene fin. Entonces, ¿cuál es tu propio "suficiente"? ¿Y qué tan alineado está con tus valores y con la forma en que mides tu valor personal?

Claro que la búsqueda de "más" no se trata solo de dinero. También tiene que ver con estatus, poder y validación. Cuando compramos la idea de que cuanto más dinero tengamos, más seguros, felices o satisfechos vamos a estar, empezamos a ir por el camino equivocado. No importa cuánta riqueza acumulemos: si nuestra autoestima depende de eso, siempre vamos a querer más.

La necesidad constante de perseguir "más" no siempre tiene que ver con llenar un vacío o alcanzar la felicidad absoluta. Muchas veces se trata simplemente de seguir corriendo, de mantenerse en la carrera, como si la meta en sí no fuera tan importante. Los psicólogos Daniel Kahneman y Angus Deaton estudiaron cómo el dinero influye en la felicidad y llegaron a la conclusión de que lo hace solo hasta cierto punto. Descubrieron que, una vez que las personas alcanzan aproximadamente los 75,000 dólares al año, ya no se sienten más felices en su día a día. La realidad es que, aunque la riqueza puede ofrecer comodidad y seguridad, no equivale a felicidad a largo plazo.

Podría decirse que cuanto más perseguimos el dinero, menos probable es que encontremos una felicidad duradera. Lamentablemente, vivimos en una sociedad que nos lleva a creer que nuestro valor personal está ligado al éxito externo. Esta idea va en contra de lo que propone la Teoría de la Autodeterminación, desarrollada por los psicólogos Edward Deci y Richard Ryan, que sostiene que somos más felices cuando tomamos decisiones alineadas con nuestros valores más profundos, en lugar de vivir persiguiendo validación externa.

Las investigaciones de los psicólogos Kasser y Ryan (1996) respaldan esta idea. Descubrieron que, cuando las personas se enfocan demasiado en el éxito material, tienden a experimentar más ansiedad y a sentirse menos satisfechas con sus vidas. En cambio, quienes ponen el foco en el crecimiento personal, las relaciones y el bienestar suelen reportar mayores niveles de felicidad y plenitud. La clave aquí es sencilla: nuestro bienestar no depende tanto de lo que tenemos, sino de cómo vivimos y de las decisiones que tomamos a partir de lo que realmente nos importa.

¿Alguna vez te propusiste conseguir algo nuevo —un auto, un barco, una casa— y, cuando por fin lo lograste, se sintió increíble? ¿Cuánto duró esa emoción antes de empezar a apagarse y dejarte, otra vez, con ganas de algo más? A esto se le llama la "cinta hedónica" *(hedonic treadmill)*, un concepto introducido por el psicólogo Philip Brickman. En esencia, solemos volver a nuestro nivel habitual de felicidad, sin importar lo que consigamos. Por eso, una casa más grande o un auto más bonito no garantizan una felicidad duradera: el entusiasmo se desvanece más rápido de lo que creemos.

El cerebro también juega su papel en todo esto. Se engancha con las recompensas que vienen del éxito. Cada vez que alcanzamos una meta, la dopamina que se libera nos empuja a querer la siguiente: el próximo logro, el próximo hito, el próximo objetivo. Esta respuesta es muy parecida a la que se da en los comportamientos adictivos, lo que ayuda a explicar por qué seguimos persiguiendo más riqueza incluso cuando ya estamos bien. Ese impulso de querer más está profundamente arraigado en nuestro cerebro y no es fácil de apagar. Lo que sí podemos hacer es replantearnos qué significa "suficiente" para nosotros, y dos caminos posibles para lograrlo son la atención plena y la gratitud.

Cuando agradecemos lo que ya tenemos, afinamos la mirada hacia lo que de verdad importa, en lugar de dejarnos llevar por la urgencia de perseguir cosas externas que no nos llenan. La atención plena también nos ayuda a romper el ciclo del deseo constante, permitiéndonos valorar el momento presente. A través de la autoconciencia y de estar en el "ahora", se vuelve mucho más fácil reconectar con nuestro verdadero sentido de valor personal. Es casi como si se levantara un velo y pudiéramos ver con claridad que nuestro valor real está en quiénes somos y en lo que valoramos.

Dicho de otra manera, en lugar de correr detrás de lo próximo mejor, si bajamos el ritmo y nos detenemos a pensar en lo que realmente es importante para nosotros, esa necesidad constante de llenar un vacío empieza a perder fuerza. Y entonces nos damos cuenta de algo simple, pero poderoso: todo lo que valoramos de verdad ya está aquí.

Tal vez hayas escuchado el término "pobre de tiempo" *(time-poor)* últimamente. Suele usarse para describir a profesionales muy ocupados que sienten que no les alcanzan las horas del día para enfocarse en ciertas cosas: cumplir metas, pasar tiempo con la familia o simplemente hacer una pausa en medio de una jornada agitada. Si queremos replantearnos qué es realmente la riqueza, tenemos que mirar con atención cómo usamos nuestro tiempo, porque pocas cosas revelan tanto dónde está puesta nuestra verdadera riqueza.

Por ejemplo, si vives corriendo de una obligación a otra, persiguiendo objetivos y tratando de encajar todo en tu día, es fácil caer en la mentalidad de "mientras más, mejor". Nos han dicho una y otra vez que el tiempo es dinero, pero ¿y si valiera incluso más que eso? ¿Y si el tiempo, en sí mismo, fuera la forma más auténtica de riqueza?

Probablemente también hayas sentido esa presión constante por "tener éxito", y quizás en algún momento te resultó abrumadora. Es fácil entender por qué terminamos atrapados en la idea de que el éxito financiero, el reconocimiento y los logros son las medidas definitivas de la riqueza. Sin embargo, existe otra manera de definir el éxito: una en la que cultivamos calma interior, equilibrio y paz. En la práctica, no siempre podemos controlar nuestra situación financiera, pero sí podemos elegir cuánto enfocarnos en la suficiencia en lugar de la carencia. Y esa es una forma muy real de sentirse rico: cuando experimentamos una gratitud profunda por lo que ya tenemos en nuestra vida.

En su libro *The Soul of Money (2003)*, Lynne Twist sostiene que no vivimos en un mundo de escasez, sino en uno de suficiencia, si aprendemos a verlo así. Como cuenta en su obra, el tiempo que pasó trabajando con comunidades de bajos ingresos en distintas partes del mundo le mostró que muchas personas con muy poca riqueza material vivían, aun así, con un profundo sentido de generosidad, gratitud y abundancia. Para ellas, la "suficiencia" no tenía que ver con tener menos, sino con saber cuándo era suficiente.

Esta idea de redefinir la riqueza y el éxito también es algo que apasiona a Peter Diamandis. Tal vez lo conozcas por estar detrás de la *XPRIZE Foundation*, una competencia global que ofrece premios multimillonarios para abordar algunos de los desafíos más complejos del mundo. Desde la limpieza de los océanos hasta el acceso a la educación en comunidades desatendidas mediante inteligencia artificial, Diamandis es un emprendedor tecnológico que se convirtió en filántropo y que también cofundó Singularity University, una institución que ayuda a líderes a aprovechar tecnologías de rápido avance para generar cambios positivos.

A diferencia de otros magnates tecnológicos, que suelen aparecer en los titulares por sus apuestas de alto riesgo o ideas disruptivas, Peter Diamandis pone el foco en la colaboración, el empoderamiento y en crear soluciones duraderas y escalables para los problemas que nos afectan a todos. Mientras Elon Musk sueña con llevar a la humanidad a Marte, Diamandis se pregunta algo distinto: cómo podemos usar la innovación para mejorar la vida aquí, en la Tierra. Lo dice de forma muy clara en su libro *Abundance:*

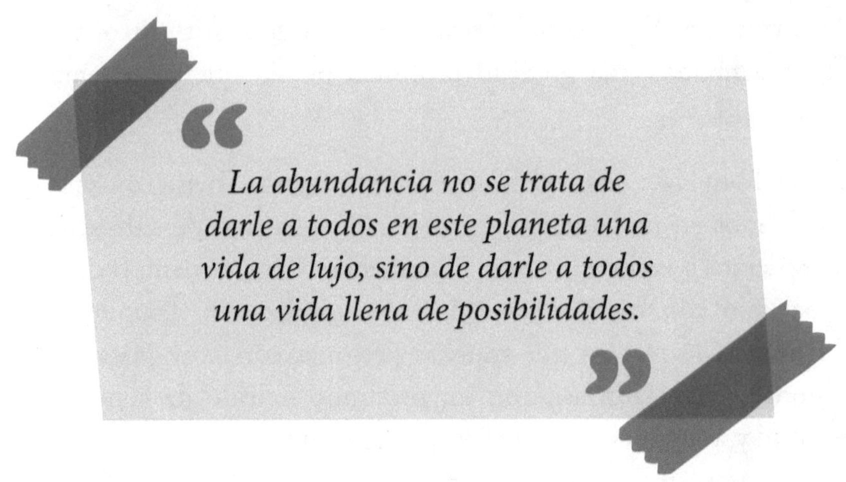

Para Diamandis, la abundancia no es solo una idea bonita ni una frase inspiradora. Es un cambio real y medible hacia un mayor acceso y más oportunidades para todos. Su mirada está puesta en redefinir la riqueza, no en perseguir mercados para monopolizarlos. Y ese mismo enfoque también podemos llevarlo a nuestra propia vida.

En lugar de pensar la abundancia solo en términos de ingresos o estatus, podemos verla reflejada en un trabajo con sentido, en el tiempo que compartimos con las personas que amamos y en nuestro bienestar general. Así como Diamandis ve la tecnología como una herramienta para liberar el potencial humano, nosotros podemos ver nuestras decisiones diarias como herramientas para abrirnos a una abundancia más personal. Ya sea eligiendo un trabajo alineado con nuestros valores, administrando mejor nuestro tiempo o haciendo más de aquello que nos da alegría, la abundancia puede ser algo que experimentemos todos los días.

La conexión entre el dinero y el valor personal

La mayoría de nosotros cargamos con creencias muy arraigadas sobre el dinero, muchas de ellas formadas en la infancia. La forma en que ganamos, gastamos, ahorramos e incluso cómo hablamos —o evitamos hablar— sobre el dinero está profundamente influenciada por esas creencias inconscientes. Muchas veces tomamos decisiones basadas en ellas sin darnos cuenta, y no siempre de maneras que nos benefician.

Los doctores Brad Klontz y Ted Klontz se refieren a estas creencias como "guiones del dinero" *(money scripts)*: ideas que absorbemos de la familia, la cultura o experiencias tempranas, como explican en su libro *Mind Over Money*. Por ejemplo, si creciste escuchando frases como *"el dinero no crece en los árboles"* o *"los ricos son codiciosos"*, es posible que asocies la riqueza con culpa o vergüenza, incluso cuando trabajas duro para conseguirla. Ese tipo de creencias puede llevar fácilmente al autosabotaje: esperar ganar menos por tu trabajo, cobrar por debajo de tu valor o sentir incomodidad cuando alcanzas el éxito financiero.

Si tus padres tuvieron dificultades económicas y los viste luchar para llegar a fin de mes, quizá desarrollaste una **mentalidad de escasez**. En ese caso, es común sentir ansiedad al gastar dinero, incluso cuando objetivamente estás bien. Puede aparecer la sensación de que nunca hay suficiente —ya sea tiempo, dinero o incluso amor—. Y cuanto más te enfocas en lo que te falta, más estrés experimentas, sin importar cuánta riqueza hayas acumulado.

También existen personas con una **mentalidad de pobreza**, que desarrollaron creencias limitantes y patrones emocionales como resultado de haber vivido en pobreza, o cerca de ella, durante largos períodos de tiempo. Esto suele ir acompañado de sentimientos de impotencia, baja autoestima y la idea de que el éxito está fuera de su alcance. Desde ese lugar, es fácil caer en decisiones orientadas a la supervivencia a corto plazo en lugar del crecimiento a largo plazo: evitar riesgos, resistirse al cambio o convencerse de que nunca se va a lograr algo mejor. Por otro lado, quienes crecieron en hogares donde el dinero no era un problema pueden llegar a usarlo como una forma de calmarse o buscar alivio emocional. Piensa en las personas que gastan de más, compran por impulso o usan el dinero para buscar validación... creo que ya te haces una idea.

La buena noticia es que esos "guiones del dinero" que repetimos en nuestra mente no son permanentes: podemos revisarlos y reescribirlos. Una de las mejores formas de empezar es mirar hacia atrás y reflexionar sobre tu propia historia financiera. Para entender mejor qué tipo de "guión" o patrón estás siguiendo, aquí van algunas preguntas que pueden servirte de guía:

¿Qué tipo de guión financiero estás siguiendo?

1. **¿Te sientes incómodo al gastar dinero, incluso cuando se trata de algo que realmente necesitas?**

   Esto podría ser una señal de una **mentalidad de escasez**. Cuando tienes lo suficiente, pero nunca se siente como suficiente, y te repites que deberías ahorrar más, hacer más o estar siempre preparado por si algo sale mal, es probable que estés operando desde el miedo. Tal vez exista un temor a la inestabilidad o a la pérdida, y aun en momentos de abundancia, esa sensación quede opacada por la idea de escasez.

2. **¿Crees que la riqueza y el éxito son cosas reservadas para "otros", pero no para ti?**

   Esto suele estar relacionado con una **mentalidad de pobreza**, donde no solo aparece el miedo, sino también el cuestionamiento de la propia identidad. Pensamientos como "haga lo que haga, nunca voy a avanzar" o "las personas como yo no son buenas con el dinero" pueden volverse muy limitantes. Imagina hasta qué punto esto puede achicar tu mundo: no postulas a mejores trabajos, no te animas a pedir un aumento y, muchas veces, ni siquiera te permites soñar en grande.

3. **¿Usas el gasto como una forma de sentirte bien, tener control o sentirte validado?**

   Aquí aparece lo que se conoce como la **mentalidad de gasto excesivo**, donde el dinero deja de ser solo una transacción y se vuelve algo emocional. Para ti, puede representar reconocimiento, una recompensa o una manera de sentir que perteneces. Si usas el dinero para calmar el estrés, probablemente ya sepas cómo funciona: el alivio dura poco y, al poco tiempo, esa sensación agradable se desvanece, dejándote con el mismo vacío de antes.

No quiero que te quedes con la idea de que deberías sentirte mal por estos "guiones del dinero", sea cual sea con el que te identifiques. Intenta verlos como formas de pensar que quedaron desactualizadas y que ya no te sirven. Tal vez en algún momento fueron útiles para sobrevivir o adaptarte, pero no tienen por qué definir tu futuro. En cuanto reconoces el guion que estás repitiendo, puedes empezar a reescribirlo y pasar de una mentalidad basada en el miedo y la culpa a una que cultive el empoderamiento y el valor personal.

Tu valor personal no tiene nada que ver con tu valor económico, y la investigación respalda esto. En su libro *Daring Greatly*, Brené Brown explica que el dinero puede ser uno de los mayores detonantes de vergüenza que experimentamos. Cuando tenemos deudas, perdemos un trabajo o simplemente sentimos que "no somos lo suficientemente exitosos", hablar de dinero puede despertar sentimientos profundos de insuficiencia o miedo. Pero Brown también nos recuerda algo importante: la vulnerabilidad abre la puerta a la conexión auténtica y a la sanación. Cuando empezamos a ser honestos sobre la presión que sentimos y reconocemos nuestras inseguridades, comenzamos a cruzar ese puente de la vergüenza. No somos nuestros salarios, y nuestro saldo bancario tampoco nos define.

Nuestro verdadero valor vive dentro de nosotros. Tiene que ver con quiénes somos, no con lo que ganamos o acumulamos. Entonces,

¿cómo empezamos a sanar nuestras heridas con el dinero?

Todo comienza cuando nos detenemos a hacernos una pregunta simple, pero poderosa: *¿De quién es la historia que estoy viviendo?*

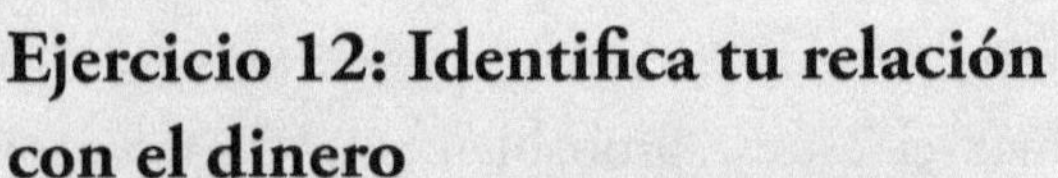

Ejercicio 12: Identifica tu relación con el dinero

Aquí tienes algunas preguntas que pueden ayudarte a empezar a identificar —y sanar— tu relación con el dinero:

- ¿Cuál es mi primer recuerdo relacionado con el dinero y cómo influyó en lo que creo hoy?
- ¿Qué aprendí sobre el dinero mientras crecía? ¿Han cambiado mis percepciones con el tiempo?
- ¿Qué emociones me despierta el dinero? ¿Me hace sentir seguridad, ansiedad, entusiasmo… o algo distinto?
- ¿Cómo podría empezar a construir una relación más saludable con el dinero? (Por ejemplo: buscar apoyo para manejar mis finanzas, hablar abiertamente sobre mis preocupaciones económicas o simplemente reconocer mis miedos).

Ahora, pasemos a algunas preguntas que pueden ayudarte a iniciar un verdadero proceso de sanación:

- ¿Qué creencias limitantes sobre el dinero estoy listo para dejar atrás?
- ¿Cómo puedo pasar de pensar "el dinero es escaso" a creer "soy merecedor de abundancia"?

- ¿Qué hábitos o patrones financieros que no me sirven puedo cambiar, y qué nuevos hábitos podría incorporar en su lugar?

Recuerda que sanar no se trata de volverte rico de la noche a la mañana ni de manejar tus gastos de forma perfecta. Se trata de ser honesto contigo mismo, practicar la autocompasión y empezar a construir una relación más sana con el dinero. Implica dejar atrás la idea de que tu valor depende de lo que ganas o gastas, y volver la mirada hacia quién eres realmente por dentro.

Crear una riqueza alineada con tus valores

Olvida la idea de que tu dinero, tu tiempo y tus recursos son la medida de la verdadera riqueza. Esto no se trata de invertir en Bitcoin ni de seguir los mercados; tampoco tiene que ver con bienes materiales o posesiones. Se trata, más bien, de saber cuáles son tus valores más profundos y tomar decisiones desde ahí. Pero entonces... ¿cómo defines tus valores en primer lugar?

Piensa en lo que de verdad te importa y en lo que representas. En vez de irte con la idea de que el éxito se resume a cuánto dinero tienes (o no tienes) y a cuántas cosas posees, pregúntate si todo eso es tan importante como parece. ¿Qué pasa con vivir de manera sustentable, cuidar a tus seres queridos, construir una comunidad fuerte o apoyar causas que te tocan el corazón?

Hazte esta pregunta: ¿Qué es lo que realmente me importa? Toma una hoja de papel y anota lo primero que se te venga a la mente. Si te sirve, aquí tienes algunos ejemplos para empezar:

- Familia

- Salud
- Generosidad
- Sustentabilidad
- Educación
- Igualdad

Después de hacer tu lista, tómate un momento para pensar en cada punto. ¿Cuáles de esos valores reflejan de verdad tus creencias más profundas y conectan con tus prioridades? No hay respuestas correctas o incorrectas; solo date el tiempo de identificar cuáles se sienten más personales y significativos para ti.

Una vez que hayas identificado tus valores principales, piensa en cómo puedes vivir alineado con ellos en tu día a día. Esto significa tomar decisiones conscientes que apoyen tus prioridades más profundas, como pasar más tiempo con tu familia en lugar de trabajar tantas horas. Tal vez decidas donar dinero a causas que te importan o dar pequeños pasos para reducir tu huella de carbono. Sea lo que sea que te motive, la idea es dedicar más energía a eso que te enciende y menos a actividades que no reflejan tus valores más profundos.

Si tienes ahorros y te gustaría usarlos de una manera que esté alineada con tus valores, la inversión socialmente responsable (ISR) o la inversión ESG (por sus siglas en inglés) pueden ser una buena alternativa. Este tipo de inversiones se enfocan en empresas y fondos que priorizan la sustentabilidad ambiental, la responsabilidad social y una gestión ética. Puede ser muy gratificante saber que tu dinero está generando un impacto positivo en el mundo... siempre que esté dentro de tus posibilidades.

Algunas opciones de inversión en Estados Unidos que buscan alinear el dinero con un propósito incluyen fondos mutuos y ETF enfocados en criterios ESG, por ejemplo:

- **Vanguard ESG U.S. Stock ETF (ESGV)** Un fondo que evita invertir en empresas vinculadas a combustibles fósiles, armas de fuego y tabaco, y que en su lugar se enfoca en compañías con prácticas ESG sólidas.
- **iShares MSCI KLD 400 Social ETF (DSI)** Está pensado para inversionistas que buscan empresas estadounidenses de gran y mediana capitalización con calificaciones ESG destacadas.
- **Parnassus Core Equity Fund (PRBLX)** Conocido por su estricto proceso de selección, este fondo excluye empresas relacionadas con combustibles fósiles e invierte en compañías con una cultura corporativa basada en la equidad y en la promoción de la sustentabilidad ambiental.

También puedes invertir en tu propia comunidad a través de cooperativas de crédito y de instituciones financieras de desarrollo comunitario (CDFI), como por ejemplo:

- **Hope Credit Union** (con sede en Misisipi), que invierte en comunidades históricamente desatendidas en el sur profundo de Estados Unidos.
- **Calvert Impact Capital**, que ofrece *Community Investment Notes* (instrumentos de inversión comunitaria) para financiar vivienda accesible, energía limpia, educación y pequeños negocios, especialmente en comunidades marginadas.

Además, existen plataformas en línea que puedes explorar para ayudarte a decidir dónde invertir, según las causas o intereses que más te importen, por ejemplo:

- **Ellevest** Fundada por Sallie Krawcheck, esta plataforma de inversión está enfocada en mujeres y ofrece portafolios ESG centrados en la equidad social y la sustentabilidad.

- **OpenInvest** Una plataforma que puedes personalizar para alinear tus inversiones con causas que te importan, como los derechos LGBTQ+, el cambio climático, la justicia racial y otras iniciativas sociales.

Un buen ejemplo de alguien que realmente usa su riqueza para vivir de acuerdo con sus valores es Robert F. Smith, fundador de Vista Equity Partners. Si bien la empresa se enfoca en inversiones en compañías de software y tecnología, en el centro de todo está el compromiso de Smith con la educación y la justicia social para las comunidades afroamericanas en Estados Unidos.

Smith creció en un vecindario de clase trabajadora en Denver, inspirado por sus padres, quienes se preocupaban profundamente por apoyar causas que fortalecieran a comunidades con menos recursos. Su madre incluso lo llevó a la histórica Marcha por el Trabajo y la Libertad en Washington en 1963, donde el Dr. Martin Luther King Jr. pronunció su famoso discurso *"I Have a Dream"*. Con el paso de los años, Smith recuerda a su madre enviando cada mes un cheque de 25 dólares al *United Negro College Fund* (UNCF), y fueron experiencias como esas las que moldearon su convicción de que todos podemos contribuir a hacer del mundo un lugar mejor y más justo.

En 2019, Smith llevó esa convicción a la acción y pagó las deudas estudiantiles de toda la clase graduada de Morehouse College, una universidad históricamente afroamericana para hombres en Atlanta. También creó el Student Freedom Initiative, un programa diseñado para ayudar a estudiantes de universidades históricamente afroamericanas (HBCUs) a acceder a la educación superior sin cargar con deudas asfixiantes. Su visión de empoderamiento a largo plazo nos recuerda que, cuando el dinero se usa con intención, puede lograr mucho más que simplemente quedarse quieto en una cuenta bancaria.

Smith es una prueba clara de que alinear tu riqueza con tus valores puede ser verdaderamente transformador. Como él mismo dice:

"Todos seremos medidos por cuánto contribuimos al éxito de las personas que nos rodean".

Invertir con un propósito te permite crear una estrategia que fortalezca tu bienestar y refleje tus valores más profundos, y eso puede ser muy empoderador. Pero si no tienes dinero disponible para invertir, también puedes ofrecer algo igual de valioso: tu tiempo y tu energía. Ser generoso con estos dos recursos es algo que todos podemos hacer, ya sea ayudando a un vecino que lo necesita, donando ropa que ya no usas o simplemente tomándote un momento para llamar a alguien querido y preguntarle cómo está. Cuando empezamos a ver la generosidad como un "activo", nuestra relación con el dinero cambia y comenzamos a alinearnos de manera más natural con nuestros valores.

También podemos observar con más atención en qué gastamos nuestro dinero y hacernos una pregunta sencilla pero poderosa: *"¿Esta compra apoya mis valores o refleja el estilo de vida que realmente quiero vivir?"*. En lugar de comprar siempre en grandes cadenas, podemos elegir apoyar negocios locales y sostenibles. Pequeños cambios de hábito —como donar un pequeño porcentaje de nuestros ingresos a causas en las que creemos— pueden acercarnos a una vida que refleje nuestras creencias más profundas. No necesitamos hacer cambios drásticos de la noche a la mañana; incluso ajustes pequeños, hechos con intención, pueden guiarnos hacia una forma de vivir más coherente con lo que valoramos.

En sus memorias *Wild: From Lost to Found on the Pacific Crest Trail*, Cheryl Strayed cuenta su historia real de tocar fondo. Tras la muerte de su madre, un divorcio y un periodo de comportamientos autodestructivos, Cheryl se siente emocionalmente en bancarrota. Buscando sentido en una vida marcada por la desconexión y la búsqueda constante de validación externa, decide emprender sola una caminata de más de 1.600 kilómetros por el Sendero de la Cresta del Pacífico.

A lo largo del recorrido, comienza a soltar el exceso de carga emocional y esa narrativa interna que le decía que no era suficiente. La caminata se convierte en una metáfora de recuperar su valor personal al reconectarse con lo que realmente importa. Al final del viaje, encuentra algo mucho más valioso que la riqueza material: un sentido de propósito, claridad y paz interior. Como ella misma escribe: *"No sabía a dónde iba… hasta que llegué allí"*.

No siempre sabemos qué rumbo tomar en la vida ni cuál será el destino final, pero hay algo seguro: nuestro camino se vuelve mucho más "rico" cuando dejamos atrás las creencias aprendidas sobre el valor económico y nos enfocamos en nuestro valor personal.

Cuando cambiamos la conversación de la riqueza material al valor propio, dejamos de perseguir la idea de éxito de otras personas y empezamos a reconectarnos con lo que realmente importa para nosotros.

Crea tu Manifiesto Personal de Riqueza

Crear tu propio manifiesto de riqueza es una excelente manera de conectar con tus valores más profundos. Solo necesitas escribir un párrafo breve sobre lo que la riqueza significa para ti hoy. No hay respuestas correctas ni incorrectas. Simplemente ábrete a lo que resuena contigo, conecta con tu interior y expresa tu propia verdad.

Puedes comenzar completando las siguientes frases:

- Para mí, la riqueza significa…
- Me siento rico cuando…
- Me siento más alineado con mis valores cuando…
- Mi vida es abundante porque…

Coloca tu manifiesto en el refrigerador, agrégalo a tu diario o guárdalo en tu teléfono y léelo cada vez que quieras reconectarte con lo que realmente importa. Haz de tu manifiesto de riqueza tu mantra y recuerda siempre esto: la verdadera riqueza consiste en vivir la vida en tus propios términos, de una manera auténtica y única.

Aprendizaje clave:

A esta altura, probablemente ya hayas notado que la verdadera riqueza no se trata solo del dinero. Se trata de vivir una vida alineada con tus valores más profundos y de enfocarte en lo que realmente importa para ti. Ese sentido de abundancia deja de basarse en las posesiones materiales y se transforma en propósito y plenitud cuando se conecta con lo verdaderamente esencial: la familia, los amigos, la salud, el bienestar y los valores. Vivir de una manera auténtica y con significado puede hacernos sentir mucho más ricos que cualquier cantidad de dinero. Por eso, es importante reescribir las viejas creencias sobre el dinero y adoptar una mentalidad de abundancia que nos aleje del miedo y la escasez. En su lugar, podemos elegir una vida en la que nuestras decisiones reflejen quiénes somos en realidad.

Tu valor personal no está ligado a tu situación económica. Cuanto antes dejes de compararte con otros o de buscar validación externa, más fácil será reconectarte con lo que verdaderamente importa. Al alinear tu riqueza —ya sea a través de inversiones, del uso consciente de tus recursos o de actos de generosidad— con tus valores personales, puedes crear una vida que se sienta tanto próspera como plena.

Tómate el tiempo para definir tu propia versión de la riqueza y vive de acuerdo con esa visión cada día. Esa es la clave para cultivar una vida de abundancia, sin importar cuál sea tu situación financiera.

PALABRAS FINALES

Ahora que llegamos al final de este libro, quiero invitarte a que te tomes un momento para hacer una pausa y reflexionar sobre el camino que recorrimos juntos.

Este no ha sido un recorrido ordenado ni lineal hacia una versión ideal de ti mismo. Más bien, hemos navegado por esos puntos intermedios llenos de caos: los espacios entre quién eras y quién estás llegando a ser. Y mientras reconoces este momento, quiero recordarte algo profundamente importante: eres digno.

Habrás notado que este libro no trata de ofrecerte una solución rápida ni un simple curso intensivo de autoestima. Se trata de encarnar una verdad que debes vivir, practicar y recordar. Esa es la belleza de tu valor: su constancia silenciosa, incluso en esos momentos confusos donde las dudas y las preguntas intentan abrumarte. Y aun así, sigues en pie. Si alguna vez dudaste de que eras "suficiente", aquí tienes mi respuesta: lo eres. Eres suficiente, simplemente porque existes.

Piensa en cómo comenzamos, reimaginando lo que significa el valor personal. Empezamos dejando atrás las presiones sociales: esas expectativas poco realistas que te hacen creer que tu valor está ligado a la perfección, al rendimiento impecable y a la aprobación de los demás. Juntos, derribamos ese mito. La perfección no es la meta. Lo que realmente importa es abrazarte a ti mismo, con toda tu gloria imperfecta y vulnerable.

También vimos lo fácil que es perder de vista nuestro propio valor al compararnos con otros o dejar que los juicios externos nos definan. Pero recuerda: el verdadero valor suele estar en esos gestos silenciosos y sutiles con los que te muestras para ti y para los demás, incluso cuando nadie te ve. Tu valor no depende de los aplausos, sino de esas acciones pequeñas, valientes y auténticas que realizas cada día.

En nuestra exploración de los deseos humanos, descubrimos cuántos de nosotros anhelamos pertenecer, conectar y sentirnos validados. Pero entendimos que la verdadera pertenencia no surge de encajar ni de cumplir expectativas ajenas. Se trata de ser visto y amado por quien realmente eres. Cuando te alineas con tus valores y creencias, tu valor brilla sin disculpas, con autenticidad.

Ahora, más que nunca, está claro: nuestro valor no se define por el éxito, la riqueza ni el estatus. Lo que realmente importa es cómo nos presentamos en el mundo: vivir con autenticidad, en coherencia con nuestros valores. Los dones, habilidades y fortalezas que tenemos son las herramientas para descubrir nuestro verdadero valor —no en lo que hacemos, sino en cómo lo hacemos—.

También enfrentamos la realidad de la ansiedad, la preocupación y las adicciones: esas cargas que pueden hacernos sentir insuficientes, indignos o rotos. Pero aquí está la verdad: luchar contra la ansiedad no significa que estés roto. Significa que eres humano. Eres digno de compasión, sanación y crecimiento, sin importar en qué punto del camino te encuentres.

El cambio es inevitable, y casi siempre llega con incomodidad. Pero aprendimos que el desorden de las transiciones de la vida nos ofrece la oportunidad de transformarnos. Cada vez que te inclinas hacia la incertidumbre, fortaleces tu sentido de valor. Al adaptarte al cambio, superar obstáculos y abrazar lo desconocido, te vuelves más capaz de enfrentar lo que venga.

Una de las lecciones más difíciles que aprendimos juntos es cómo la comparación muchas veces nos roba la paz. Esa presión por "estar a la altura", por ser como los demás, solo debilita nuestro sentido de identidad. Pero a estas alturas ya debería quedarte claro: tu valor no proviene de ser alguien más. Nace de ser tú mismo, sin disculpas, tal como eres: increíble, único, maravilloso. Mantente fiel a tus valores, y deja que esa sea la única medida de tu valor.

A lo largo de estas páginas hablamos mucho sobre la atención plena (mindfulness), que es la herramienta más poderosa que tienes en este camino. Con tantas distracciones tirando de ti en todas direcciones, es fácil perderse en la mentalidad de "lograr o fracasar". Pero al mantenerte presente y darte tiempo para simplemente ser, te reconectas con tu valor interior. Ahí es donde habita: justo en el momento presente, libre del ruido.

También exploramos la importancia de construir una red de apoyo. Nadie está hecho para transitar la vida solo. Las relaciones sanas nos ayudan a sentirnos vistos, escuchados y valorados. Rodéate de personas que te eleven, que nutran tu alma. Si valoras tu bienestar, necesitas elegir relaciones que te fortalezcan y te ayuden a crecer.

Y, por último, redefinimos lo que significa la riqueza—no solo en términos de dinero o posesiones, sino en función de lo que realmente está alineado con tus valores. Espero que esto haya resonado profundamente contigo. La verdadera riqueza no se mide por lo que tienes, sino por cómo usas lo que tienes para vivir una vida que refleje tu verdadero valor.

Quiero dejarte con algo que espero lleves contigo siempre. Imagina que tengo en la mano un billete nuevo y limpio de 50 dólares. Ahora imagina que lo arrugo, lo tiro al suelo, lo piso, lo levanto de nuevo. El billete queda arrugado, sucio, tal vez un poco manchado. Pero aquí está el punto: sigue valiendo 50 dólares.

Lo mismo pasa con tu valor. La vida te pondrá pruebas—habrá momentos en los que te sientas desgastado, sin fuerzas o sin valor. Pero al igual que ese billete de 50 dólares, sin importar lo que pase, tu valor no cambia. No depende de tus circunstancias, ni de tus fracasos, ni de cómo te traten los demás. No importa lo caótico que se vuelva todo, ni cuántos errores cometas: tu valor siempre está ahí, firme e inquebrantable.

Así que, mientras sigues adelante desde aquí, recuerda esto: tu valor es inquebrantable. Eres suficiente, exactamente como eres. Elige estar presente por ti, abrazar tu valor y vivir una vida que refleje la verdad de quien realmente eres.

Porque, amigo mío, eres digno. Siempre.

Kasmin

AGRADECIMIENTOS

Escribir este libro ha sido tanto una realización personal como profesional. Estas ideas han guiado durante años mi trabajo con clientes, mis consejos a amigos, colegas y familiares —e incluso a desconocidos— que me animaron a compartirlas tanto en público como en privado durante décadas.

Este libro comenzó con *Passion Parties*: encuentros realizados con círculos de mujeres profesionales que buscaban mejorar sus vidas en diferentes áreas. Todo evolucionó a otro nivel después de una velada junto a Jan Miller de Dupree, Miller & Associates, mi hermano Waraire y DeVon Franklin.

Durante años veía a Jan en los eventos de T.D. Jakes, y siempre insistía en que debía escribir. Después de aquella noche en su casa de Highland Park, Dallas, mientras conversábamos en la sala, Waraire me dijo: *"Kasmin, tienes varias historias dentro de ti, ¿y quién mejor que tú para contarlas? Va a ser increíble."*

Escribí los dos primeros capítulos en 2017, y luego hice una pausa hasta enero de 2025, cinco meses después de la muerte repentina de mi hermano Waraire. En ese tiempo, lidiaba con el duelo, la incertidumbre, la fibromialgia y mucho más.

Fue entonces cuando me di cuenta: finalmente tenía algo claro, una base sólida sustentada en métodos de enseñanza basados en evidencia que aprendí de la difunta profesora de Stanford, Mary Budd Rowe.

Su investigación más conocida reveló que la mayoría de los docentes no esperaban lo suficiente después de hacer una pregunta a sus alumnos. Al aumentar ese tiempo de espera de un segundo a al menos tres, los estudiantes mostraban una mejora notable en el lenguaje y la lógica.

Veo este libro como una enseñanza basada en evidencia que transformará la forma en que reaprendes y te ayudará a dominar ideas complejas, si permites que llegue hasta tu alma.

Estoy profundamente agradecida con Khalfani, cuyo talento para la gestión de proyectos me mantuvo enfocada desde los márgenes, asegurándose de que completara lo que me propuse: el primero de una trilogía sobre cómo vivir nuestras mejores vidas.

También quiero expresar mi agradecimiento a mi equipo de edición creativa, así como al círculo de apoyo formado por Shaari, Lynnette, mi madrina Arvis, la señora Pat, Stacey, Carmen, Yolanda W, Loreli, Sabina, Charmaine, Dominique, Connie, John, y Miriam —mi ángel guardián enfermera de USC—, quien se ha convertido en una gran amiga. A la doctora Chelsea Stone, Dorenda "Mae", Texas Grant, Charvus, la señora Glendar, Partos, el pastor James, Cindy Herron Braggs, y Mia —mi hermana de otra madre—, gracias por todo lo que han hecho por Boswell y por mí. También a Marlena Webb, a mi querido círculo de estudio de Bel Air y a mi grupo "Cali NOLA-8".

Y a Deon Cole: en los momentos en que solo quería llorar, gracias por ayudarme a reencontrar mi rumbo con esas carcajadas que nacen del alma. Eres realmente divertido, consciente y *auténtico*. Nadie puede decir lo contrario. El mundo te necesita a ti y a tu comedia. Pura alquimia.

SOBRE LA AUTORA

Dra. Kasmin Boswell, originaria del sur de California, es Directora Asociada y Enlace Médico Senior, con casi dos décadas de experiencia en diversas disciplinas: salud femenina, genética, dermatología, sistema nervioso central, nefrología, endocrinología, inmunología, migraña, neurología, oncología y cuidados paliativos oncológicos.

Kasmin ha obtenido financiamiento para investigaciones de instituciones líderes como los NIH, CDC, Kaiser Foundation, VAMC, Queens Hospital, Stanford, UCSF, UCLA, Rady, Harvard y RAND.

A lo largo de su carrera, ha ayudado a antiguos empleadores a obtener la aprobación de los formularios de Medicare y Medicaid, así como la cobertura de nivel 1 con Blue Cross, Health Net y varias divisiones dentro de Kaiser Foundation, Swedish, HCA Healthcare, Cleveland Clinic Network, Universal Health Services, Tenet Healthcare, Community Health Systems y la Administración de Veteranos, para pruebas genómicas personalizadas desarrolladas por Mayo Clinic. También utiliza con frecuencia sus sólidas relaciones con instituciones académicas y centros médicos de excelencia para obtener aprobaciones de la FDA/EUA.

La misión de Kasmin es desarrollar relaciones profesionales con líderes de opinión, facilitar la participación en estudios y el desarrollo de oportunidades comerciales, así como investigaciones IIR/IST. Además, ofrece información actualizada sobre productos de nueva generación tanto a los interesados internos como externos.

Además de su trabajo en el sector farmacéutico, Kasmin apoya a personas que ingresan a la industria farmacéutica y a sectores relacionados, ayuda a establecer grupos de defensa de enfermedades para pacientes y cuidadores, y asiste a los pacientes para que puedan acceder a medicamentos mediante resultados favorables en las autorizaciones previas.

Fuera del ámbito de la salud, Kasmin es copropietaria, junto a su hermano Waraire Boswell, de un negocio de ropa desde 2003. Diseñan uniformes para McDonald's, colecciones prêt-à-porter, piezas personalizadas y colaboraciones para clientes destacados en la industria del entretenimiento.

En su tiempo libre, le apasiona asistir a ventas de antigüedades, disfrutar de buenos martinis y hacer voluntariado.

REFERENCIAS Y CITAS

1. Bailey, C. (2018). Hyperfocus: How to be more productive in a world of distraction. Penguin US.
2. Baumeister, R. F., Bratslavsky, E., Muraven, M., & Tice, D. M. (1998). Ego depletion: Is the active self a limited resource? Journal of Personality and Social Psychology, 74(5), 1252–1265. https://doi.org/10.1037/0022-3514.74.5.1252
3. Beck, A. T. (2011). Cognitive therapy: Basics and beyond (2nd ed.). The Guilford Press.
4. Borkovec, T. D. (1998). Generalized anxiety disorder: A review of the literature. Journal of Clinical Psychology, 54(5), 557–572. https://pubmed.ncbi.nlm.nih.gov/23537486/
5. Brach, T. (2003). Radical acceptance. Rider & Co.
6. Brickman, P. D., & Campbell, D. T. (1971). Hedonic relativism and planning the good society. In M. H. Appley (Ed.), Adaptation-level theory. Academic Press.
7. Brooks, D. (2015). The road to character. Random House Trade Paperbacks.
8. Brown, B. (2010). The gifts of imperfection. Hazelden Publishing.
9. Brown, B. (2015). Daring greatly: How the courage to be vulnerable transforms the way we live, love, parent, and lead. Penguin Life.
10. Burkeman, O. (2021). Four thousand weeks: Time management for mortals. Farrar, Straus and Giroux.
11. Cacioppo, J. T., & Patrick, W. (2008). Loneliness: Human nature and the need for social connection. W. W. Norton & Co.
12. Covey, S. (1989). The 7 habits of highly effective people. Simon & Schuster.
13. Centers for Disease Control and Prevention. (2023, August 10). Provisional suicide deaths in the United States, 2022. https://www.cdc.gov/media/releases/2023/s0810-USSuicide-Deaths-2022.html

14. Davidson, R. J., & Begley, S. (2012). The emotional life of your brain: How its unique patterns affect the way you think, feel, and live—and how you can change them. Hudson Street Press.

15. Deci, E. L., & Ryan, R. M. (2000). Self-determination theory and the facilitation of intrinsic motivation, social development, and well-being. American Psychologist, 55(1), 68–78. https://doi.org/10.1037/0003-066X.55.1.68

16. Diamandis, P. H. (2012). Abundance: The future is better than you think. Free Press.

17. Dickinson, E. I Dwell in Possibility. Fascicle 22, circa 1862. Houghton Library, Harvard University.

18. Doidge, N. (2007). The brain that changes itself: Stories of personal triumph from the frontiers of brain science. Viking.

19. Duckworth, A. (2016). Grit: The power of passion and perseverance. Scribner.

20. Eisenberger, N. I. (2012). Broken hearts and broken bones: A neural perspective on the similarities between social and physical pain. Current Directions in Psychological Science, 21(1), 42–47. https://doi.org/10.1177/0963721411429455

21. Eisenberger, N. I. (2012). The pain of social disconnection: Examining the shared neural underpinnings of physical and social pain. Nature Reviews Neuroscience, 13(6), 421– 434. https://doi.org/10.1038/nrn3231

22. Emmons, R. A., & McCullough, M. E. (2003). Counting blessings versus burdens: An experimental investigation of gratitude and subjective well-being in daily life. Journal of Personality and Social Psychology, 84(2), 377–389. https://doi.org/10.1037/0022-3514.84.2.377

23. Emmons, R. A., McCullough, M. E., & Tsang, J.-A. (2003). The assessment of gratitude. In S. J. Lopez & C.R. Snyder (Eds.), Positive psychological assessment: A handbook of models and measures (pp. 327–341). American Psychological Association. https://doi.org/10.1037/10612-021

24. Feiler, B. (2020). Life is in the transitions: Mastering change at any age. Penguin Press.

25. Fardouly, J., Diedrichs, P. C., Vartanian, L. R., & Halliwell, E. (2015). Social comparisons on social media: The impact of Facebook on young women's body image concerns and mood. Body Image, 13(1), 29–35. https://doi.org/10.1016/j.bodyim.2014.12.002

26. Frankl, V. E. (2006). Man's search for meaning (Kindle ed.). Beacon Press.

27. Franco, M. G. (2022). Platonic: How the science of attachment can help you make—and keep—friends. Bluebird.

28. Gilbert, P. (2009). The compassionate mind: A new approach to life's challenges. New Harbinger Publications.

29. Grant, A. (2013). Give and take: Why helping others drives our success. Penguin Books.

30. Grant, A., & Sandberg, S. (2017). Option B: Facing adversity, building resilience, and finding joy. Alfred A. Knopf.

31. Haidt, J. (2006). The happiness hypothesis: Finding modern truth in ancient wisdom. William Heinemann Ltd.

32. Harris, T. (2019, December 11). The problem isn't addiction—it's hijacked attention. Center for Humane Technology. https://www.humanetech.com/problem

33. Hoge, E. A., Bui, E., Palitz, S. A., Schwarz, N. R., Owens, M. E., & Wetherell, J. L. (2013). The effect of mindfulness meditation on anxiety and depression: A meta-analytic review. Journal of Consulting and Clinical Psychology, 81(1), 168–178. https://doi.org/10.1037/a0033005

34. Holt-Lunstad, J., Smith, T. B., Baker, M., Harris, T., & Stephenson, D. (2015). Loneliness and social isolation as risk factors for mortality: A meta-analytic review. Perspectives on Psychological Science, 10(2), 227–237. https://doi.org/10.1177/1745691614568352

35. Holiday, R. (2014). The obstacle is the way: The timeless art of turning trials into triumph. Portfolio.

36. Jellinger, K. A. (2023). Depression in dementia with Lewy bodies: A critical update. Journal of Neural Transmission, 130(5), 247–257. https://doi.org/10.1007/s00702-023-02669-8

37. Jetten, J., Haslam, C., & Haslam, S. (2012). The social cure: Identity health and wellbeing. Psychology Press.

38. Kahneman, D., & Deaton, A. (2010). High income improves evaluation of life but not emotional well-being. Proceedings of the National Academy of Sciences of the U.S.A., 107(38), 16489–16493. https://doi.org/10.1073/pnas.1011492107

39. Kasser, T., & Ryan, R. M. (1996). Further examining the American dream: Differential correlates of intrinsic and extrinsic goals. Personality

and Social Psychology Bulletin, 22(3), 280–287. https://doi.org/10.1177/0146167296223006

40. Kishimi, I., & Koga, F. (2018). The courage to be disliked. Allen & Unwin.
41. Klontz, B., & Klontz, T. (2009). Mind over money: Overcoming the money disorders that threaten our financial health. Crown Business.
42. Lao Tzu. (2022). Tao te ching. Simon & Brown.
43. Lacy, S. (2018). Jane Fonda in 5 Acts [Film]. HBO.
44. Leaf, C. (2021). Cleaning up your mental mess: 5 simple, scientifically proven steps to reduce anxiety, stress, and toxic thinking. Baker Books.
45. Maté, G. (2008). In the realm of hungry ghosts: Close encounters with addiction. North Atlantic Books.
46. Neff, K. (2015). Self-compassion: The proven power of being kind to yourself. William Morrow Paperbacks.
47. Newport, C. (2016). Deep work. Piatkus.
48. O'Hara, D. (2017, December 18). The intrinsic motivation of Richard Ryan and Edward Deci. American Psychological Association. https://www.apa.org/members/content/intrinsicmotivation
49. Palihapitiya, C. (2017, December 11). Quoted in Wong, J. C. Former Facebook executive: Social media is ripping society apart. The Guardian. https://www.theguardian.com/technology/2017/dec /11/facebook-former-executive-ripping-society-apart
50. Toller, E. (2014). The power of now: A guide to spiritual enlightenment. New World Library.
51. Pink, D. H. (2011). Drive: The surprising truth about what motivates us. Riverhead Books.
52. Ressler, K. J., & Mayberg, H. S. (2018). Targeting abnormal neural circuits in mood and anxiety disorders: From the laboratory to the clinic. Nature Neuroscience, 21(11), 1375–1385. https://doi.org/10.1038/s41593-018-0245-0
53. Robin, V., & Dominguez, J. (2018). Your money or your life: 9 steps to transforming your relationship with money and achieving financial independence. Penguin Books.
54. 54. Ryan, R. M., & Deci, E. L. (2000). Self-determination theory and the facilitation of intrinsic motivation, social development, and well-being. American Psychologist, 55(1), 68–78. https://doi.org/10.1037/0003-066X.55.1.68

55. Schwartz, B. (2004). The paradox of choice: Why more is less. Harper Perennial.
56. Seligman, M. E. P. (2011). Flourish: A visionary new understanding of happiness and well-being. Atria Books.
57. Strayed, C. (2012). Wild: From lost to found on the Pacific Crest Trail. Alfred A. Knopf.
58. Sutherland, D. (2014). The art of stillness: Adventures in going nowhere. Penguin.
59. Tiggemann, M., & Slater, M. (2013). NetGirls: The Internet, Facebook, and body image concern in adolescent girls. International Journal of Eating Disorders, 46(6), 630–633. https://doi.org/10.1002/eat.23023
60. Twist, L., & Barker, T. (2003). The soul of money: Transforming your relationship with money and life. W. W. Norton & Company.
61. Vallerand, R. J., & Houlfort, N. (2018). The role of passion in sustainable fulfillment. Springer.
62. Young, J. (2016). The inner game of tennis: The classic guide to the mental side of peak performance. Vintage.

www.ingramcontent.com/pod-product-compliance
Lightning Source LLC
LaVergne TN
LVHW090602110826
845146LV00001B/230

* 9 7 9 8 9 9 9 5 6 1 5 5 8 *